As contribuições da
autoavaliação institucional para
a escola de **educação básica**

Dados Internacionais de Catalogação na Publicação (CIP)
(Câmara Brasileira do Livro, SP, Brasil)

Grochoska, Marcia Andreia
    As contribuições da autoavaliação institucional para a escola de educação básica : uma experiência de gestão democrática / Marcia Andreia Grochoska – Petrópolis, RJ : Vozes, 2013.
    Bibliografia
    ISBN 978-85-326-4614-9
    1. Avaliação educacional 2. Educação básica 3. Ensino Fundamental 4. Escolas – Administração e organização 5. Gestão educacional 6. Política educacional I. Título.

13-06094   CDD-371.001

Índices para catálogo sistemático:
1. Avaliação institucional : Escolas : Educação 371.001
2. Escolas : Avaliação institucional : Educação 371.001

Marcia Andreia Grochoska

As contribuições da **autoavaliação** institucional para a escola de **educação básica**

Uma experiência de gestão democrática

Petrópolis

© 2013, Editora Vozes Ltda.
Rua Frei Luís, 100
25689-900 Petrópolis, RJ
Internet: http://www.vozes.com.br
Brasil

Todos os direitos reservados. Nenhuma parte desta obra poderá ser reproduzida ou transmitida por qualquer forma e/ou quaisquer meios (eletrônico ou mecânico, incluindo fotocópia e gravação) ou arquivada em qualquer sistema ou banco de dados sem permissão escrita da editora.

Diretor editorial
Frei Antônio Moser

Editores
Aline dos Santos Carneiro
José Maria da Silva
Lídio Peretti
Marilac Loraine Oleniki

Secretário executivo
João Batista Kreuch

Editoração: Andréa Dornellas Moreira de Carvalho
Projeto gráfico: Sheilandre Desenv. Gráfico
Capa: Sandra Bretz

ISBN 978-85-326-4614-9

Editado conforme o novo acordo ortográfico.

Este livro foi composto e impresso pela Editora Vozes Ltda.

Aos servidores públicos, que acreditam e lutam pela democracia e constroem e alimentam diariamente, em meio a tantas dificuldades, o sonho de uma sociedade justa.

Sumário

Introdução, 9

1 Gestão escolar: perspectivas e enfoques, 15

    1.1 Compreendendo a gestão da escola, 15

    1.2 Os espaços da gestão democrática na escola, 26

2 O Projeto Político-pedagógico da escola como ferramenta da gestão democrático-participativa, 29

    2.1 Construção do Projeto Político-pedagógico: participação e autonomia no processo coletivo, 29

3 A avaliação institucional enquanto uma estratégia da gestão democrático-participativa da escola e a melhoria educacional, 45

    3.1. Avaliação institucional: aspectos históricos e políticos, 45

    3.2 Políticas de avaliação da educação básica, 55

    3.3 A autoavaliação institucional: uma experiência vivenciada, 58

    3.4 Síntese das etapas do processo de autoavaliação, 103

Considerações finais, 105

Apêndices, 113

Referências, 123

Introdução

A necessidade em desenvolver ações e estratégias de melhoria da educação nacional aponta sem dúvida para o aprofundamento de questões relacionadas à avaliação institucional na educação básica. Avaliação esta que deixa de ter um caráter apenas classificatório e punitivo e torna-se importante subsídio para o diagnóstico das instituições de ensino e para a tomada de decisão no espaço escolar.

Percebendo a importância da avaliação institucional na melhoria da escola e de como ela pode ser concebida como uma estratégia de gestão democrática, surgiu a ideia de transformar a dissertação de mestrado neste livro, que trata de temas como políticas de avaliação institucional, gestão democrática, Projeto Político-pedagógico e a interligação entre esses aspectos na escola.

Assim, a finalidade deste trabalho, além de evidenciar a importância da autoavaliação como estratégia de gestão democrática que promove a melhoria das escolas de educação básica, é demonstrar uma experiência que deu certo e surtiu efeito no processo educacional de uma determinada unidade escolar.

A relevância da avaliação institucional para a melhoria da qualidade da educação já é destacada na educação superior com a proposta do Sistema Nacional de Avaliação da Educação Superior, o Sinaes, que, aprovado pela Lei 10.861, de 14 de abril de 2004, pode servir como referência ao desenvolvimento de uma proposta de avaliação institucional na educação básica.

No entanto, nesse nível de ensino, em especial na Educação Infantil e nos anos iniciais do Ensino Fundamental, as discussões a respeito da avaliação institucional ainda são tímidas. Poucas são as experiências desenvolvidas pelos sistemas de ensino e pelas instituições educacionais. Pouco se discute políticas de avaliação institucional na educação básica, em especial, asseguradas em planos de educação, demais legislações e até mesmo nos Projetos Político-pedagógicos escolares.

O Saeb, Sistema de Avaliação da Educação Básica, objetiva conhecer a realidade da escola pública brasileira a partir de exames de proficiência em Matemática e em Língua Portuguesa, aplicados por amostragem em alunos do 5º e 9º anos do Ensino Fundamental e 3ª série do Ensino Médio. É uma iniciativa que visa o acompanhamento da educação básica nacional.

> O Saeb é a primeira iniciativa brasileira, em âmbito nacional, no sentido de conhecer mais profundamente o nosso sistema educacional. Além de coletar dados sobre a qualidade da educação no País, procura conhecer as condições internas e externas que interferem no processo de ensino e aprendizagem, por meio da aplicação de questionários de contexto respondidos por alunos, professores e diretores, e por meio da coleta de informações sobre as condições físicas da escola e dos recursos de que ela dispõe (BRASIL, 2007).

No entanto, o foco dado a esse tipo de sistema de avaliação muitas vezes não traz melhorias efetivas às escolas. Como é aplicado por amostragem, a abordagem avaliativa direciona-se mais para os resultados da aprendizagem do que para o processo escolar em si. O caráter isolado do exame na realidade é o que mais prejudica o processo de avaliação, pois muitos aspectos que envolvem as instituições de ensino não são apontados durante a execução do programa de avaliação, já que o foco maior é na aprendizagem; consequentemente, a dinamicidade e a realidade do contexto envolvido não são relevantes durante a execução do processo.

No entanto, uma nova proposta de avaliação está sendo desenvolvida no que diz respeito à educação básica: a "Prova Brasil", que compõe o Sistema de Avaliação da Educação Básica (Saeb), realizado pelo Inep, e é organizada com os seguintes objetivos:

A Prova Brasil foi idealizada para produzir informações sobre o ensino oferecido por município e escola, individualmente, com o objetivo de auxiliar os governantes nas decisões e no direcionamento de recursos técnicos e financeiros, assim como a comunidade escolar no estabelecimento de metas e implantação de ações pedagógicas e administrativas, visando à melhoria da qualidade do ensino (BRASIL, 2007).

Porém, analisada mais a fundo, a Prova Brasil, enquanto parte do Saeb, também não abrange de maneira eficaz a totalidade dos contextos escolares, na perspectiva de melhoria do sistema e do espaço educacional.

Promover a avaliação institucional na educação básica leva a comunidade escolar a refletir sobre o seu dia a dia, as relações naquele espaço, os processos de gestão, mecanismos de controle, participação da comunidade e responsabilidade coletiva. Além disso, é importante compreender que a avaliação institucional serve como estratégia indicadora de elementos para a formulação de políticas públicas educacionais.

No âmbito mais interno das unidades, a avaliação institucional pode fornecer dados importantes para a construção e a efetivação do Projeto Político-pedagógico da escola, servindo ambas para uma melhor definição da identidade, autonomia, missão e objetivos institucionais. Esse resultado contribui para a melhoria da unidade de ensino, tornando-se uma eficaz estratégia de gestão democrática e participativa.

Libâneo (2004, p. 235) afirma que a "avaliação diz respeito a um conjunto de ações voltadas para o estudo sistemático de um fenômeno, uma situação, um processo, um evento, uma pessoa visando a emitir um juízo de valor". Nesse contexto, a avaliação propõe a coleta de informações, tendo diversos e diferentes meios de verificação dos aspectos avaliados para, com base nos diagnósticos, tomar decisões.

Nessa perspectiva, este livro trata da avaliação institucional a partir do objetivo de orientar a tomada de decisão, ou seja, ela é da escola para a escola. Coletam-se dados e informações que são analisados e, a partir daí, de forma coletiva, encaminhar ações concretas que promovam a melhoria do ensino.

No entanto, um processo de autoavaliação realizado pelas escolas, além do seu fim em si, produz nos espaços educacionais uma dinâmica de conhecimento das potencialidades e dificuldades da instituição, da experiência da participação de toda a comunidade escolar e, em especial, da percepção da responsabilidade de todos os envolvidos na melhoria educacional.

Portanto, compreender o leque de possibilidades que a autoavaliação institucional apresenta para a gestão democrática é de grande relevância para novos encaminhamentos e para o fortalecimento das instituições de ensino.

A partir dos contextos tratados anteriormente, este livro propõe alguns pontos para reflexão:

• Descrever uma experiência de gestão democrática na escola de educação básica.

• Explanar algumas propostas de avaliação institucional presentes nas políticas da educação nacional.

• Identificar as contribuições da autoavaliação para a gestão da escola.

Para dar conta desses elementos, o primeiro capítulo objetiva a compreensão dos aspectos da gestão escolar frente às atuais perspectivas educacionais, num enfoque democrático e participativo.

A gestão escolar, segundo Libâneo (2004, p. 101), caracteriza-se pelos "processos intencionais e sistemáticos de se chegar a uma decisão e de fazer a decisão funcionar". Por conseguinte, a gestão se apropria de processos e estratégias como o Projeto Político-pedagógico e a avaliação institucional no intuito de traçar os caminhos que a escola toma.

A partir do que trata o primeiro capítulo, o segundo aborda questões referentes ao Projeto Político-pedagógico da escola como estratégia de gestão, que concretiza o direcionamento da instituição de ensino. É possível identificar que, por meio dele, os rumos escolares são traçados e as ações são encaminhadas. A identidade e a autonomia da escola são, ao mesmo tempo, construídas e intensificadas com a elaboração e a execução do projeto, que deve ser realizado em todas as suas etapas com a participação da comunidade escolar.

Já o terceiro capítulo destina-se às questões relacionadas à avaliação institucional como uma estratégia para a gestão escolar, que deixa de ser vista como um instrumento de controle e punição nas instâncias educacionais, e passa a ser concebida como uma estratégia para a melhoria da educação.

Fernandes (2002, p. 105) explica:

> É a avaliação que nos revela se a escola está cumprindo seu papel e oferecendo educação de qualidade. Por isso, é parte essencial do trabalho docente um instrumento do planejamento escolar. E não pode ser vista (nem usada) como arma para ameaçar ou punir o avaliado, seja ele aluno ou professor. Ao contrário, o objetivo é centrar esforços para que as dificuldades possam ser superadas.

Assim, a avaliação é o princípio básico para o entendimento dos espaços e das relações que se dão na escola, em todas as suas dimensões. Para tanto, é preciso entender a avaliação como uma estratégia que busca ajudar os atores escolares e não puni-los. É construída de uma maneira emancipatória e participativa, pois propicia melhorias para a instituição de ensino.

Por último, o quarto capítulo traz o relato sobre o processo realizado numa escola pública de educação básica, nos anos iniciais, onde foi desenvolvido uma experiência de autoavaliação institucional.

Essa experiência rendeu momentos aprofundados de reflexão sobre a avaliação institucional, por meio de discussões e debates sobre o tema, para efetivar a participação da comunidade escolar e propiciar que a tomada de decisão fosse coletiva, por meio de assembleias e com o objetivo da melhoria do ensino.

A construção desse processo democrático de gestão escolar, além de reflexões e de melhorias para o espaço educacional, proporcionou uma experiência pessoal e profissional para cada pessoa presente naquele espaço. Os debates, a dinâmica, os dados e as assembleias despertaram, em cada um dos participantes, a reflexão sobre sua própria prática (seja da comunidade ou dos profissionais que ali atuavam), e principalmente sobre o seu papel e sua responsabilidade para com aquele espaço de educação.

1
Gestão escolar: perspectivas e enfoques

A maneira como a gestão escolar é concebida nas instituições de ensino determina como se dão os diversos encaminhamentos educacionais. As interligações, a subjetividade, as estratégias e a concepção sobre educação adotadas pela gestão produzem condições que promovem mais ou – em alguns espaços – menos a melhoria das escolas.

Compreender a escola como um espaço de produção e socialização do conhecimento e das relações traz subsídios para transformações e mudanças na educação. Assim, a gestão escolar tem grande responsabilidade na efetivação de novos encaminhamentos, em especial no entendimento de que a gestão da escola não perpassa apenas pela figura do diretor, numa perspectiva individual, mas sim numa construção que é coletiva.

Nesse contexto torna-se relevante compreender quais são as perspectivas da gestão da escola, como ela se dá e se concretiza nos espaços educacionais.

1.1 Compreendendo a gestão da escola

Refletir sobre a gestão escolar, num primeiro momento, passa pelo entendimento da função desempenhada pelas instituições de ensino na sociedade.

A escola, desde a Antiguidade, caracteriza-se como o espaço responsável pelo conhecimento sistematizado, pela dinâmica da interação com o contexto atual e pela socialização do saber produzido. Mas, com a evolução dos tempos, tem ela sido objeto de inúmeras discussões acerca de sua função e existência.

A função da escola, em diferentes épocas, transformou-se e concretizou-se conforme a necessidade de cada sociedade, de cada momento histórico. Se essas variações foram benéficas ou não, cabe a cada um compreender os contextos sociais e interpretar, conforme seus princípios, sua cultura, valores e experiência de mundo, esses reflexos. No entanto, é impossível não afirmar que em todos os momentos a educação é fator determinante para a transformação social.

É preciso que a escola de hoje se caracterize como espaço de construção e socialização do saber, de interação de pessoas e cidadania, desenvolvendo um aluno crítico e consciente, capaz de contribuir e conviver em sociedade, a partir de um contexto escolar inovador que consiga acompanhar as mudanças sociais e contribuir para a sua transformação.

A partir dessas reflexões é que a gestão educacional ganha papel de destaque, pois conduzi-la numa perspectiva coletiva e dinâmica é relevante para a transformação e melhoria das escolas, tornando-se a avaliação institucional uma grande aliada para a compreensão desses contextos escolares que devem enfrentar diversos desafios.

Libâneo (2004) coloca os aspectos mais visíveis que caracterizam essas mudanças de ordem social, política, econômica, cultural, geográfica, ambiental e educacional:

> • Notáveis avanços tecnológicos na microeletrônica, na informática, nas telecomunicações, na automação industrial, na biotecnologia, na engenharia genética, entre outros setores, caracterizando uma revolução tecnológica sem precedentes.
> • Globalização da sociedade, internacionalização do capital e dos mercados, reestruturação do sistema de produção e do desenvolvimento econômico.

- Difusão maciça da informação, produção de novas tecnologias da comunicação e da informação, afetando a produção, circulação e consumo da cultura.
- Mudanças nos processos de produção, na organização do trabalho, nas formas de organização dos trabalhadores, nas qualificações profissionais.
- Alterações nas concepções de Estado e das suas funções, prevalecendo o modelo neoliberal de diminuição do papel do Estado e fortalecimento das leis de mercado.
- Mudanças nos paradigmas da ciência e do conhecimento nos processos de ensino e aprendizagem.
- Agravamento da exclusão social, aumento da distância social e econômica entre incluídos e excluídos dos novos processos de produção e das novas formas de conhecimento (p. 45 e 47).

Em uma sociedade em constante transformação, a escola precisa acompanhar e dar conta de diversas demandas novas ou já existentes nesse contexto; para tanto, torna-se imprescindível inserir uma cultura de participação, planejamento e avaliação nos espaços educacionais para transformar o enfoque da gestão escolar, que passa a ser responsabilidade dividida entre todos, num processo também de consolidação de sua autonomia e identidade.

"Gestão vem do termo *gestio*, que, por sua vez, vem de *gerere*, que significa *trazer em si, produzir*" (CURY, 2005, p. 201), prova de que gerir uma instituição escolar não é apenas administrar algo que já existe, que está pronto, acabado, vai além; é também produzir relações e contextos sociais, políticos, culturais e pedagógicos.

Para Luck (2006, p. 35 e 36), gestão educacional se define da seguinte maneira:

Gestão educacional corresponde ao processo de gerir a dinâmica do sistema de ensino como um todo e de coordenação das escolas em específico, afinado com as diretrizes e políticas educacionais públicas, para implementação das políticas educacionais e projetos pedagógicos das escolas, compromissado com os princípios da democracia e com métodos que organizem e criem condições para um ambiente educacional autônomo (soluções próprias, no âmbito de suas competências) de participação e compartilhamento (tomada conjunta de decisões e efetivação de resultados), autocontrole (acompanhamento e avaliação com retorno de informações) e transparência (demonstração pública de seus processos e resultados).

No entanto, a concepção de gestão educacional numa perspectiva democrática ainda não se efetiva de maneira concreta nas escolas; por isso se divide em dois grandes enfoques: um que se caracteriza pelos pressupostos da participação, e o outro que se refere à administração empresarial.

A percepção das práticas de gestão se diferencia conforme o entendimento a respeito da corrente teórica que dá base a essa gestão: de um lado, organização escolar, em que a participação de todos é o princípio básico para a melhoria do espaço; e, do outro, a gestão empresarial.

Uma corrente de estudiosos defende que os procedimentos administrativos adotados na escola devem ser os mesmos da empresa. Para esses teóricos, os problemas existentes na escola são decorrentes da administração, ou seja, da utilização adequada ou não das teorias e técnicas administrativas, ignorando, assim, seus determinantes econômicos e sociais e, particularmente, as especificidades das instituições (DOURADO, 2003, p. 17).

Por essa perspectiva, o êxito ou o fracasso das ações é determinado pelo tipo de gestão desenvolvida na escola, ou seja, a figura do diretor é o ponto determinante dos acontecimentos. Métodos e técnicas devem ser aplicados a fim de se alcançarem objetivos predeterminados, indiferente aos determinantes que estão incutidos nos processos educacionais e à identidade e características próprias de cada instituição.

Esse enfoque prioriza a administração escolar como única responsável pelo funcionamento da escola, sendo os demais agentes da instituição – professores, pais, alunos e funcionários – apenas coadjuvantes no processo, cumpridores dos métodos e técnicas determinados.

Por outro lado, o enfoque da organização escolar, em uma perspectiva democrática e participativa, considera a autonomia, a identidade e a participação de todos nos procedimentos e processos educacionais.

> Uma outra corrente defende a não transposição dos princípios da administração empresarial para a escola, pois entende que a gestão escolar compreende especificidades que a diferenciam da administração em geral, em razão, sobretudo, da natureza do trabalho pedagógico e, consequentemente, da instituição escolar. Assim os procedimentos da escola não podem ser idênticos aos adotados na empresa, pois administrar uma escola não se resume à aplicação de métodos e técnicas transpostos do sistema administrativo-empresarial, que não têm como objetivo alcançar fins político-pedagógicos (DOURADO, 2003, p. 18).

De acordo com esse prisma, a gestão escolar determina não apenas métodos e técnicas, mas vivencia, engloba e compreende todos os aspectos que envolvem a dinâmica educacional.

Dourado (2003, p. 16) define gestão da escola como:

> A articulação entre as condições físicas, materiais e pessoais, pedagógicas e financeiras que possibilitam as mediações indispensáveis à efetivação da tarefa precípua da escola, entendida como espaço de socialização e problematização da cultura, especialmente do saber historicamente produzido. Tal compreensão sinaliza as especificidades desta prática.

Libâneo (2004, p. 101) complementa, afirmando que "os processos intencionais e sistemáticos de se chegar a uma decisão e de fazer a decisão funcionar caracterizam a ação que denominamos *gestão*".

Assim, é necessário compreender que a gestão se caracteriza pelas atitudes, ações, encaminhamentos e práticas que fazem uma decisão dar certo, porém, decisão essa que deve ser tomada de maneira democrática e participativa.

A partir dessa explicação acerca do tema, Libâneo ainda diferencia a gestão da direção:

> A direção é um princípio e atributo da gestão, mediante o qual é canalizado o trabalho conjunto das pessoas, orientando-as e integrando-as no rumo dos objetivos. Basicamente, a direção põe em ação o processo de tomada de decisão na organização, e coordena os trabalhos, de modo que sejam executados da melhor maneira possível (LIBÂNEO, 2004, p. 101).

Hoje se busca uma gestão mais aberta, participativa, em que o diretor não seja o único responsável pelo encaminhamento e pelas decisões da escola. No entanto, é relevante ressaltar que essa organização chamada escola e todas as suas ações e direcionamentos possuem características próprias, ainda determinadas conforme o estilo de gestão que conduz cada instituição. Esse estilo de gestão da escola muitas vezes é determinado pela prática do diretor, que é influenciado pela sua formação, pela concepção que tem de educação, pela função de escola que adota e pelo perfil de aluno que pretende formar. A experiência de vida, valores, vivência e escolhas pessoais também interfere na prática do gestor dentro da escola.

Percebendo a importância desses aspectos para o entendimento dos estilos de gestão adotados nas instituições de ensino, Libâneo (2004) determina em seus estudos quatro concepções de estilos, que são sintetizados a seguir:

QUADRO 1 Concepções de gestão

Concepção técnico-científica	Concepção autogestionária	Concepção interpretativa	Concepção democrático-participativa
• Hierarquia de cargos e funções. • Regras administrativas, racionalização e eficiência do trabalho escolar. • Modelo de gestão, qualidade total, enfoque de administração empresarial. • Poder centralizador do diretor (relação de autoridade e subordinação). • Comunicação vertical (normas ditadas e não consensos). • Importância maior para os objetivos e não inter-relações.	• Responsabilidade coletiva. • Não há direção centralizada, a participação é direta e igual a todos os membros. • Auto-organização do grupo de pessoas da instituição (eleição e alternância no exercício de função). • Recusa a norma e sistemas de controle. • Ênfase no poder instituinte da instituição e recusa a todo poder instituído. • Maior relevância às relações pessoais do que às tarefas e objetivos.	• Ser radicalmente a concepção científico-racional prioridade ao processo de organização e gestão, análise dos significados subjetivos, intenções e interações. • A escola é subjetiva e socialmente construída, não uma realidade estruturada e objetiva. • Ênfase à ação organizadora compartilhada e não ao ato de organizar. • Destaque ao caráter humano, tendo como base para a ação organizadora interpretações, valores, percepções e significados subjetivos.	• Relação entre direção e participação dos membros da equipe. • Definição explícita dos objetivos sociopolíticos e pedagógicos da escola de maneira coletiva. • Articulação entre atividade de direção, iniciativa e participação de todos os envolvidos no ambiente escolar. • Qualificação e competência profissional. • Coleta de informações, diagnósticos, avaliação sistemática, maior objetividade aos processos de organização e gestão, acompanhamento, redimensionamentos e tomada de decisões. • Ênfase nas tarefas e nas relações interpessoais.

Fonte: Elaboração própria com base em Libâneo (2004, p. 120-126).

As concepções sobre gestão referendadas por Libâneo trazem reflexões sobre contextos, estratégias e encaminhamentos escolares que se pode criar a partir do enfoque de gestão desenvolvido na instituição de ensino, revelando a postura do gestor escolar e suas perspectivas.

Em relação aos estilos de gestão, Libâneo (2004, p. 125) conclui:

As concepções de gestão escolar refletem diferentes posições políticas e concepções do papel da escola e da formação humana na sociedade. Portanto, o modo como uma escola se organiza e se estrutura tem um caráter pedagógico, ou seja, depende de objetivos mais amplos sobre a relação da escola com a conservação e a transformação social.

Identificar o estilo de gestão adotado na escola é um dos passos para a compreensão de como se dão os encaminhamentos nas instituições de ensino. A partir daí pode se elencar estratégias que busquem a melhoria dos elementos de gestão.

Bordignon e Gracindo (2004, p. 153) analisam aspectos relacionados à gestão, conforme o paradigma de referência:

QUADRO 2 **Enfoques e atitudes nos aspectos de gestão**

Aspectos da gestão	Enfoques e atitudes	
	Paradigma vigente (Tradicional)	Paradigma emergente (Novo)
Relações de poder	Verticais	Horizontais
Estruturas	Lineares/segmentadas	Circulares/integradas
Espaços	Individualizados	Coletivos
Decisões	Centralizados/imposição	Descentralização/diálogo/ negociação
Formas de ação	Autocracia/paternalismo	Democracia/autonomia
Centro	Autocentrismo/ individualismo	Heterocentrismo/grupo/coletivo
Relacionamento	Competição/apego/ independência	Cooperação/cessão/ interdependência
Meta	Eliminação de conflitos	Mediação dos conflitos
Tipo de enfoque	Objetividade	Intersubjetividade
Visão	Das partes	Do todo
Objetivo	Vencer de – convencer	Vencer com – covencer
Consequência	Vencedores/perdedores	Vencedores

Objeto do trabalho	Informação	Conhecimento
Base	Aética	Ética
Ênfase	No ter	No ser

Fonte: Bordignon e Gracindo (2004, p. 153).

Esses autores abordam a gestão a partir do que chamam de paradigmas, em vigor e emergentes, elencando os aspectos da gestão, numa perspectiva mais tradicional e outra inovadora.

Em relação à legislação, a Lei de Diretrizes e Bases 9.394/96, art. 14, manifesta-se a respeito da gestão escolar:

> Os sistemas de ensino definirão as normas da gestão democrática do ensino público na educação básica, de acordo com as suas peculiaridades e conforme os seguintes princípios:
>
> I. Participação dos profissionais da educação na elaboração do Projeto Político-pedagógico da escola;
>
> II. Participação das comunidades escolar e local em conselhos escolares equivalentes.

A proposta da Lei 9.394/96 é a vigência da gestão democrática da escola, que deve ser conduzida especificamente na elaboração dos projetos pedagógicos pela comunidade escolar e na participação dos mesmos em conselhos, sejam escolares ou de educação, que compõe seus sistemas. Nessa perspectiva, a responsabilidade de conduzir o processo institucional é definida por todos, desenvolve nos alunos, professores, comunidade e funcionários a característica da responsabilidade pelo andamento educacional.

Ainda em seu art. 15, a LDB indica:

> Os sistemas de ensino assegurarão às unidades escolares públicas de educação básica que os integram progressivos graus de autonomia pedagógica e administrativa e de gestão financeira, observadas as normas gerais de direito financeiro público.

Para tanto faz-se necessária a compreensão dos aspectos pedagógicos, financeiros e administrativos da escola por todos que a integram, principalmente no que se refere ao entendimento de que a autonomia deve ser um conceito construído e apropriado por todos.

Não é apenas na LDB que a gestão democrática dos sistemas e das escolas se faz presente. Tal concepção é prevista desde 1988 na Constituição Federal como um dos princípios para o ensino público. No entanto, Cury (2005, p. 15) afirma que "o pleno desenvolvimento da pessoa, marca da educação como dever do Estado e direito do cidadão, conforme o art. 205 da mesma Constituição, ficará incompleto e truncado se tal princípio não se efetivar em práticas concretas nos sistemas e chão da escola".

Essa construção depende da superação de enfoques autoritários e verticais. Essa tarefa é dupla, tornando-se uma conquista da escola, por meio de participação, debate e estudo e também dos sistemas de ensino, que precisam desenvolver ações e dar condições às escolas para que desenvolvam essa prática.

Mesmo atualmente é possível perceber que a compreensão de gestão ainda se relaciona e se exprime na figura do diretor, que comanda, determina, decide e segue normas ditadas pelas secretarias de Educação. Na maioria das vezes, a comunidade só é convidada a participar do contexto escolar em dias de festa e os funcionários para serem convencidos daquilo que já foi decidido. Segundo Luck (2006, p. 35), essa situação ocorre devido:

> Ao entendimento limitado de que a escola é do governo, visto como uma entidade superior e externa à sociedade. Esse entendimento, é possível conjeturar, pode estar associado à leitura ao pé da letra da determinação constitucional de que educação é dever do Estado, interpretando-se de forma inadequada essa determinação legal, no sentido de que caberia à sociedade apenas o direito de educação e não a responsabilidade conjunta de zelar por ela e promovê-la.

É preciso compreender a gestão democrático-participativa como uma concepção que deve direcionar as instituições de ensino. Essa gestão enfatiza como prioridade o planejamento definido pelo grupo, em consonância com o perfil do aluno, da escola e da clientela atendida.

O processo de gestão democrático-participativa tem se efetivado, segundo Souza e Correia (2002, p. 61), por alguns mecanismos como "eleição direta para diretores e vice-diretores e a criação de instâncias colegiadas, com funções decisórias e fiscalizadoras".

A participação dos conselhos escolares e do colegiado no planejamento, formulação, avaliação e tomada de decisão, assim como também na escolha dos dirigentes das unidades, é um elemento que caracteriza um avanço na gestão democrática; no entanto, tais ações ainda são tímidas nas escolas e nos próprios sistemas de ensino.

Bordignon e Gracindo (2004, p. 168) definem algumas prioridades, valores e princípios coerentes com a organização escolar, consoante com uma perspectiva de gestão democrático-participativa, sintetizadas a seguir:

• No sistema municipal de ensino, o centro da ação é a escola e, na escola, o aluno.

• Tanto o Plano Municipal de Ensino quanto o Projeto Político-pedagógico da escola definem as políticas educacionais do município e da escola.

• A interdisciplinaridade como metodologia situa o professor como educador comprometido com o aluno e o projeto pedagógico.

• A abertura dos espaços institucionais para ações inovadoras, espíritos científicos e criadores.

• Eixo do poder situado nos conselhos municipais ou escolares.

• Agilidade e fidelidade das informações institucionais, criando a transparência das ações.

• Coerência entre discurso e prática.

• Querer-fazer no lugar do dever-fazer.

• A suavidade dos modos e a firmeza na ação, como posturas básicas.

• Clima organizacional positivo, levando as pessoas à construção coletiva, valorização profissional e afetiva (prazer).

• Compromisso com a democracia, com a defesa dos direitos humanos, com a não discriminação e com a preservação do meio ambiente.

"Nesse novo contexto, a gestão democrático-participativa precisa ser um processo contínuo de ações em busca da melhoria da qualidade da educação, tornando-se um objetivo a ser perseguido e aprimorado" (BORDIGNON & GRACINDO, 2004, p. 165).

Uma maior participação dos envolvidos no contexto educacional faz com que a autonomia da escola se efetue e se concretize cada vez mais. Esse aspecto também abrirá maiores perspectivas a respeito de uma gestão democrático-participativa.

Quando se trata de autonomia das escolas públicas, é preciso compreender que uma escola autônoma "é aquela que constrói no seu interior o seu projeto, que é estratégia fundamental para o compromisso com sua realização" (BORDIGNON & GRACINDO, 2004, p. 170), ou seja, a autonomia acontece a partir das ações e direcionamentos desenvolvidos pela escola, com a participação de todos os envolvidos.

Intrinsecamente, ao se tratar de uma gestão democrático-participativa, os aspectos, as ações, as causas e os fins acabam se completando, se inter-relacionando, de maneira que não há razão de um ser sem a efetivação do outro; assim, mudam os aspectos de uma gestão que, até então, era tratada de maneira fragmentada e hierarquizada.

Definir políticas públicas para a efetivação da gestão democrática é tarefa de todo o sistema de ensino e em especial de seus sujeitos; porém, elas somente serão efetivas se no interior das unidades elas acontecerem. Para isso, é imprescindível uma mudança de cultura a respeito da gestão de sistemas educacionais e instituições de ensino, uma transformação das práticas educativas e uma nova consciência dos envolvidos para que a eficácia necessária para o processo educacional se realize de fato.

1.2 Os espaços da gestão democrática na escola

Um dos grandes impasses para uma gestão democrática e participativa nas instituições de ensino é propiciar momentos que contribuam para a democracia, autonomia e participação do coletivo nos processos que definem os rumos das escolas.

No entanto, existem vários mecanismos dos quais a instituição pode se valer para iniciar a cultura de participação nos espaços educacionais, como conselhos escolares, associações de pais e mestres, grêmios estudantis, clubes de mães, processo de eleição de diretores, comissões e assembleias. Essas estratégias tendem a desenvolver a participação, a autonomia e a democracia, para reforçar a identidade das escolas e, consequentemente, produzir contextos de aprendizagem a todos os envolvidos.

A participação da comunidade escolar vai além do aspecto meramente festivo, cultural e de acompanhamento, ou então de divisão de tarefas e obrigações, pois deve servir também para determinar o encaminhamento das ações institucionais, de forma a contribuir para a melhoria da unidade de ensino.

> Um órgão colegiado escolar constitui-se em um mecanismo de gestão da escola que tem por objetivo auxiliar na tomada de decisão em todas as suas áreas de atuação, procurando diferentes meios para se alcançar o objetivo de ajudar o estabelecimento de ensino, em todos os seus aspectos, pela participação de modo interativo de pais, professores e funcionários (LUCK, 2006, p. 66).

Quando o espaço escolar se utiliza dessas estratégias de gestão além da melhoria educacional, desenvolve a responsabilidade coletiva, a interação entre escola e comunidade.

Proporcionar instâncias de participação da comunidade na escola permite que os envolvidos se percebam sujeitos de transformação da educação, integrante do contexto; assim, a escola cumpre seu papel de formação para a cidadania, propiciando a todos momentos de participação, responsabilidade coletiva e também individual.

O conhecimento do Projeto Político-pedagógico da escola, do regimento interno, a compreensão do currículo escolar, das formas de avaliação, o entendimento financeiro, os encaminhamentos administrativos, entre outros elementos, são pressupostos iniciais para o engajamento dos pais e funcionários na participação da comunidade na unidade de ensino.

A partir do momento em que a comunidade conhece o funcionamento da escola, passa a querer contribuir tanto para que seu filho tenha um bom ensino, um espaço que contribua melhor para a aprendizagem, como também para que os funcionários tenham condições melhores de trabalho.

Todas essas perspectivas deverão estar interligadas nos aspectos da gestão, do planejamento e da avaliação do espaço escolar. O planejamento é instrumento de gestão, pois auxilia o gestor na condução das práticas da escola, de conselho escolar e de todos os agentes escolares; e se efetiva, em especial, no Projeto Político-pedagógico e no Regimento Interno.

A avaliação propicia a reorganização do Projeto e do Regimento da escola, ou seja, indica caminhos para o planejamento efetivo, fazendo, assim, com que todas as instâncias da gestão da escola sejam conduzidas, de fato, em prol da melhoria da instituição, buscando prioridades e necessidades de todos os envolvidos, valorizando e efetivando a tomada de decisões.

2
O Projeto Político-pedagógico da escola como ferramenta da gestão democrático-participativa

Toda instituição de ensino necessita de estratégias que a organizem como um espaço escolar no que diz respeito a missão, objetivos, metas, metodologia, currículo e avaliação.

Nesse aspecto, o Projeto Político-pedagógico da escola torna-se uma estratégia indispensável e insubstituível para a gestão democrática, direcionando, de maneira participativa e democrática, os caminhos a serem trilhados.

O Projeto Político-pedagógico torna-se estratégia indispensável à melhoria da escola, pois, por meio dele, pode-se propor espaços de participação e debate democráticos, intensificando a autonomia e reforçando a identidade da instituição de ensino.

2.1 Construção do Projeto Político-pedagógico: participação e autonomia no processo coletivo

A palavra projeto vem do latim *projectus*, que significa "o que tem a intenção de fazer; planta de construção; plano, estudo, pesquisa; desenho e esboço"[1]. Assim, o Projeto Político-pedagógico da escola propõe ações escolares, definindo atitudes, planos e meios de se alcançar objetivos, produzindo também uma cultura escolar e, ao

---

1. *Larousse Cultural*, 1992.

mesmo tempo em que é determinado, estabelecendo a identidade e a autonomia da escola.

No contexto escolar, "o projeto não se constitui na simples produção de um documento, mas na consolidação de um processo de ação-reflexão-ação, que exige o esforço conjunto e a vontade política do coletivo escolar" (VEIGA, 2004, p. 56).

A LDB 9.394/96 afirma, no seu art. 12, que: "Os estabelecimentos de ensino, respeitadas as normas comuns e as do seu sistema de ensino, terão incumbência de: I. Elaborar e executar sua proposta pedagógica".

A determinação desse artigo trouxe às escolas a tarefa de planejar suas ações, compreender sua especificidade e assumir sua função social de uma maneira coletiva e participativa; essa ação envolve todos os agentes escolares e cria a cultura de que todos são responsáveis pela instituição escolar.

> Pela primeira vez o pensamento educacional brasileiro (ele se reflete na lei, não é criado por ela) toma o planejamento como ferramenta mais importante do que o regimento para a implementação de processos pedagógicos. De fato, a obrigação de uma "proposta pedagógica" sobrepõe-se, no texto da lei, à do regimento (GANDIN, 2001, p. 14).

A Lei de Diretrizes e Bases da Educação brasileira indica a importância da construção do projeto pedagógico da escola, enfatizando a necessidade da participação da comunidade escolar para tais fins, sendo, assim, uma importante estratégia de gestão para as escolas.

No entanto, é necessário que esse Projeto Político-pedagógico seja articulado, direcionado e executado com responsabilidade, consciência, fundamentação, participação e preparo de todos, com o entendimento essencial de que esse trabalho vai muito além de um simples documento burocrático.

Eyng (2002, p. 07) refere-se à definição do Projeto Político-pedagógico como:

> Projeto porque faz uma projeção da intencionalidade educativa para futura operacionalização, a teleologia, ou seja, a

finalidade de cada organização educativa expressada nos seus processos e metas propostos.

Político porque coletivo, político porque consciente, político porque define uma posição do grupo, político porque expressa um conhecimento próprio, contextualizado e compartilhado. Político, porque supõe uma proposta coletiva, consciente, fundamentada e contextualizada para a formação do cidadão. Pedagógico porque define a intencionalidade formativa, porque expressa uma proposta de intervenção formativa, refletida e fundamentada, ou seja, a efetivação da finalidade da escola na formação para a cidadania.

Assim o Projeto Político-pedagógico significa um projetar de ações apoiado na totalidade, identidade, autonomia e participação de toda instituição; essas ações devem ser propostas por todos os participantes escolares, de maneira que a responsabilidade e os encaminhamentos da escola se tornem coletivos.

Veiga (2004, p. 57) reafirma a posição anterior, indicando que o Projeto Político-pedagógico é "ação consciente e organizada porque é planejada tendo em vista o futuro. Projetar é lançar-se para o futuro. É um instrumento que visa a orientar os desafios do futuro"; portanto, o Projeto Político-pedagógico é a ação planejada visando às intenções desejadas pela escola, sempre numa perspectiva formativa e intencional, não apenas centrado no resultado, mas na orientação do processo.

O projeto pedagógico aponta um rumo, uma direção, um sentido explícito para um compromisso estabelecido coletivamente. O projeto pedagógico, ao se constituir em processo participativo de decisões, preocupa-se em instaurar uma forma de organização do trabalho pedagógico que desvele os conflitos e as contradições, buscando eliminar as relações competitivas, corporativas e autoritárias, rompendo com a rotina do mando pessoal e racionalizado da burocracia e permitindo as relações horizontais no interior da escola (VEIGA, 2003, p. 12).

Organizá-lo de acordo com seu caráter de estratégia de gestão, prevendo uma construção coletiva, participativa e democrática, construindo sua identidade e reforçando a sua autonomia escolar, com referenciais e objetivos claros e bem fundamentados, encaminha a escola para o processo de melhoria e produz um espaço saudável de aprendizagem, socialização e convivência entre todos.

Partindo dessa reflexão, é preciso compreender os aspectos que pressupõem a construção do Projeto Político-pedagógico da escola, enquanto uma estratégia de gestão.

A gestão escolar, como já definido anteriormente, se resume na maneira como o espaço de ensino é concebido. Assim, gerir uma escola significa mais que administrar; gerir é também produzir inter-relações, contextos e processos de construção e transformações, não apenas no ambiente, mas também nos sujeitos envolvidos.

Para Eyng (2003, p. 105), "gestão supõe reflexão e ação interativa no gerenciamento coletivo de uma intencionalidade educativa/formativa compartilhada". Sendo assim, gerir também é um processo de aprendizagem e construção, pois parte do refletir e agir a respeito de uma intenção que eduque e forme, envolvendo a todos durante as várias etapas desse processo.

Para gerir uma instituição de ensino é preciso compreender a importância de um planejamento específico que se adeque às necessidades e prioridades das escolas e da sociedade.

O planejamento escolar diz respeito a estratégias e ações que devem ser desenvolvidas na escola a fim de alcançar determinado objetivo proposto pela instituição.

> Planejamento supõe reflexão e organização proativa da proposta formativa considerada ideal e necessária para um determinado contexto, faz uma projeção da intencionalidade educativa para futura operacionalização, a teologia, ou seja, a finalidade de cada organização educativa expressada nos seus processos e metas propostos (EYNG, 2003, p. 105).

O funcionamento de uma instituição de ensino, sua identidade e finalidade se concretizam e se firmam nos objetivos e metas propostos e nos processos de construção, acompanhamento e busca da melhoria predeterminados para o espaço escolar.

É preciso que os espaços educacionais elaborem metas, objetivos, planos de ação e critérios de avaliação para uma maior eficácia da instituição de ensino, pois sem esses princípios corre-se o risco de a escola se tornar um espaço sem objetividade, acontecendo conforme as circunstâncias que surgem e improvisando atitudes sem um resultado satisfatório; essa é a função do Projeto Político-pedagógico.

Assim, a gestão da escola precisa estar consciente de seu papel, aberta às inovações e teoricamente preparada para tal função, conduzindo de maneira eficaz e participativa o planejamento escolar.

> O planejamento se concretiza em planos e projetos, tanto da escola e do currículo quanto do ensino. Um plano ou um projeto é um esboço, um esquema que representa uma ideia, um objetivo, uma meta, uma sequência de ações que irão orientar a prática. [...] No planejamento escolar, o que se planeja são atividades de ensino e de aprendizagem, fortemente determinadas por uma intencionalidade educativa envolvendo objetivos, valores, atitudes, conteúdos, modos de agir dos educadores que atuam na escola. Em razão disso, o planejamento nunca é apenas individual, é uma prática de elaboração conjunta dos planos e sua discussão pública (LIBÂNEO, 2004, p. 149 e 150).

A intenção educativa deve ser o eixo norteador da elaboração dos planejamentos escolares. Toda a escola deve seguir a mesma direção a partir dessa intenção. As ações, estratégias e avaliação não devem perder a efetividade frente a esse posicionamento.

Assim, torna-se impossível que o processo de planejamento ocorra de maneira isolada, pois a efetivação do mesmo se dá pela conscientização de todos em prol do mesmo objetivo: a melhoria da escola.

Dalmas (1994, p. 27) afirma:

> É ideal o planejamento que envolve as pessoas como sujeitos a partir de sua elaboração, e com presença constante na execução e avaliação não apenas como indivíduos, mas como

sujeitos de um processo que os envolve como grupo, visando o desenvolvimento individual e comunitário.

Libâneo (2004, p. 150) afirma que o planejamento escolar atende às seguintes funções:

> a) diagnóstico e análise da realidade da escola, busca de informações reais e atualizadas que permitam identificar as dificuldades existentes, causas que as originam, em relação aos resultados obtidos até então;
> b) definição de objetivos e metas compatibilizando a política e as diretrizes do sistema escolar com as intenções, expectativas e decisões da equipe da escola;
> c) determinação de atividades e tarefas a serem desenvolvidas em função de prioridades postas pelas condições concretas e compatibilização com os recursos disponíveis (elementos humanos e recursos materiais e financeiros).

Nessa perspectiva, gestão, planejamento e avaliação tornam-se indissociáveis, pois uma ocorre somente em decorrência da outra.

Dalmas (1994, p. 25) afirma que "o planejamento é um processo". Essa característica parece ser a mais importante, pois planejar não é algo estanque, mas uma ação contínua. Assim, a avaliação torna-se uma eficaz estratégia de gestão para novos encaminhamentos das práticas educativas.

> A avaliação situa o grupo no processo, propiciando a possibilidade de um julgamento mais concreto da caminhada realizada, com conhecimento crítico da situação em que se encontra e conduz ao estabelecimento de prospectivas com relação ao restante do processo. [...] A avaliação faz com que o grupo ou pessoa localize, confronte os resultados, e determine a continuidade do processo, com ou sem modificações no conteúdo ou na programação (DALMAS, 1994, p. 107).

A avaliação prevê a tomada de decisões frente a ações, práticas e posicionamentos da escola. Ela será a responsável por informar os déficits e competências dos agentes escolares e da instituição como um todo, servindo como base para o redimensionamento da organização escolar.

Assim, tornam-se imprescindíveis para o espaço escolar e para a gestão o planejamento e a avaliação como estratégias para a melhoria do contexto escolar.

Desse modo, as ações integradas de gestão, planejamento e avaliação se concretizam na prática pela construção, implantação e execução do Projeto Político-pedagógico nas escolas.

Construir o Projeto Político-pedagógico é um desafio para as escolas em geral, pois implica uma profunda reflexão sobre a função da escola, no conhecimento teórico das correntes pedagógicas, na clareza dos objetivos da escola, na responsabilidade de todos pelo processo de busca de qualidade escolar e na compreensão sobre a necessidade da sua constante avaliação.

A LDB em seu art. 14, conforme já explicado, advoga:

> Os sistemas de ensino definirão as normas da gestão democrática do ensino público na educação básica, de acordo com as suas peculiaridades e conforme os seguintes princípios:
> I. Participação dos profissionais da educação na elaboração do projeto pedagógico da escola. [...]

É de responsabilidade de todos os profissionais a participação na elaboração do Projeto Político-pedagógico, assim como sua execução e avaliação. No entanto, para que todo esse processo ocorra de forma produtiva, é necessário que a escola se proponha a certos desafios que a construção do referido projeto implica.

Para Lacerda (2004), a tarefa de elaboração do Projeto Político-pedagógico não é simples e fácil, pois exige dos envolvidos, além do entendimento dos problemas e contextos escolares, as seguintes características sintetizadas a seguir:

> a) estar disposto a estudar e a pesquisar;
> b) compreender sua importância;
> c) vincular a prática educativa ao processo;
> d) ter abertura para as discussões, respeitando as individualidades de cada sujeito;

e) organizar o tempo, proporcionando momentos com o grupo;

f) respeitar o processo, tendo paciência para a construção coletiva;

g) trabalhar o conflito, contemplando as diferenças e a diversidade do grupo;

h) romper com modelos que aproximam a racionalidade instrumental, operacional, contemplando os fundamentos epistemológicos.

Construir o Projeto Político-pedagógico requer da escola uma postura de constante estudo e reflexão, trabalho em conjunto compreendendo a escola como um espaço de produção do saber e não de reprodução.

Libâneo (2004, p. 52) afirma:

O projeto pedagógico deve ser compreendido como instrumento e processo de organização da escola. Considera o que já foi instituído (legislação, currículos, conteúdos, métodos, formas organizativas da escola etc.), mas tem também uma característica de instituinte. A característica de instituinte significa que o projeto institui, estabelece, cria objetivos, procedimentos, instrumentos, modos de agir, estruturas, hábitos, valores, ou seja, institui uma cultura organizacional. Nesse sentido ele sintetiza os interesses, os desejos, as propostas dos educadores que trabalham na escola.

No entanto, mesmo com a designação de características meramente burocráticas ao Projeto Político-pedagógico, verifica-se que seu objetivo vai além do simples aspecto de documentação, pois passa a ser um instrumento definidor da identidade e autonomia escolar.

O enfoque, o qual Lacerda (2004, p. 56) define como processual, acontece de maneira "interativa, reflexiva, investigativa; organiza-se a partir dos contextos situados do sujeito, dando ênfase à especificidade da realidade deles. O que se destaca é a discussão, a desconstrução". Essa maneira de conduzir a construção do Projeto Político-pedagógico, ainda pouco utilizada nas escolas, indica pressupostos pautados numa gestão democrático-participativa, pois busca a melhoria de todo o contexto educacional.

O Projeto Político-pedagógico deve ser construído a partir de uma característica reflexiva e crítica de todos os sujeitos envolvidos nesse processo.

> Os sujeitos reflexivos poderão melhor interpretar as relações de poder, as diferenças que acabam se transformando e falseando argumentos em um bloco justificador de discriminações. Se, ao contrário, os sujeitos não assumirem uma postura reflexiva e uma empreita de construção coletiva de projeto pedagógico, princípios éticos, conceitos de normalidade e anormalidade, de comum e diferente e tantos outros rótulos maniqueístas se misturarão enquanto os estereótipos, "desejáveis" por alguns, adquirirão uma supremacia quase absoluta (RESENDE, 2004, p. 252).

A construção do Projeto Político-pedagógico perpassa pelo rompimento de várias concepções educacionais, que ainda se encontram fixadas nas práticas de diversos educadores. Portanto, esse é um propício momento para debates sobre currículo escolar, metodologia, concepção de educação, formação e demais desencadeadores de ações educacionais.

Um espaço democrático, uma escola democrática se concretiza pela participação ativa de todos os envolvidos, que assumem responsabilidades diversas e importantes, interagindo com toda a escola, transformando o contexto e se propondo também a essas transformações.

Contextualizar o processo de construção e implantação do Projeto Político-pedagógico das instituições de ensino, tendo por base os princípios básicos de democracia, faz com que a escola se constitua em um espaço onde todos os envolvidos atuem, e as ações sejam realizadas e direcionadas com o comum objetivo de melhoria da educação.

Para tanto, para a compreensão do Projeto Político-pedagógico, construído de forma coletiva, torna-se necessário o entendimento das formas de participação que pressupõe requisitos básicos para essa prática conforme afirma Luck (2006): "a observação, a análise e a compreensão dos processos e das formas de participação constituem-se em condição para que se possa aprimorar esse processo na escola".

No primeiro momento, a participação se dá de modo que todos passem a se sentir responsáveis pela escola e pelo processo educacional, pois busca, por meio de atividades variadas (principalmente focadas nos órgãos deliberativos da escola, como Associação de Pais e Mestres, Colegiados, Conselho Escolar, Conselho de Classe), a integração e a participação de todos os agentes.

No segundo momento, a participação se constitui como objetivo da escola, etapa em que se vivencia troca de experiências, valores afloram e a socialização de todo esse conhecimento constitui-se como parte da tomada de decisões participativas.

O importante dentro das escolas é não fragmentar a atuação, pois todos devem se envolver de maneira a exercer seu papel de participante, seja na tomada de decisões, seja na efetivação das ações e estratégias, e na avaliação do processo.

Assegurar esses princípios faz com que a escola redimensione suas ações, sua postura e, principalmente, sua gestão. É preciso que se superem as formas tradicionais, conservadoras e hierarquizadas de organização escolar, buscando a participação e atuação de todos os agentes escolares envolvidos.

Libâneo (2004, p. 138) afirma que a participação da comunidade possibilita à população o conhecimento e a avaliação dos serviços oferecidos e a intervenção organizada na vida da escola, sendo a participação de todos os agentes a possibilidade da democratização da gestão e, consequentemente, da qualidade de ensino.

> Participação significa a atuação dos profissionais da educação e dos usuários (alunos e pais) na gestão da escola. Há dois sentidos de participação articulados entre si. Há a participação como meio de conquista da autonomia da escola, dos professores, dos alunos, constituindo-se como prática formativa, como elemento pedagógico, metodológico e curricular. Há a

> participação como processo organizacional em que os profissionais e usuários da escola compartilham, institucionalmente, certos processos de tomada de decisão (LIBÂNEO, 2004, p. 139).

Dessa maneira, com uma participação realmente eficaz, capaz de transformar a instituição, a escola irá, gradativamente, construindo sua autonomia.

O progresso da educação depende desse engajamento, de forma consciente e ativa, no qual os agentes interagem com o meio em prol do benefício de todos, transformando e mudando sua própria prática. Esse é o processo da busca da autonomia e da identidade escolar por meio de uma participação realmente eficaz e atuante.

Para tanto, faz-se necessária a compreensão de que autonomia se fala. A autonomia da escola acontece pelas relações que contextualizam esse espaço. Autonomia, de maneira alguma, caracteriza-se pela liberdade total, visto que ela não existe quando se prevê que são relações que conduzem esse processo.

Além disso, a autonomia diz respeito à concretização das ações propostas, elaboradas e realizadas pela própria escola por meio do Projeto Político-pedagógico. É essa ação (a do projeto, sua construção, desenvolvimento, avaliação e redimensionamento) que deve nortear o princípio de autonomia da escola, criando um ambiente de participação e inovação escolar.

Nesse aspecto, a escola possui graus de autonomia, definidos pelas leis, sistemas e planos e diretrizes educacionais. Cavagnari (2003, p. 97) afirma que, "pertencendo a um sistema nacional de educação, as escolas se submetem às diretrizes de uma legislação comum e a um núcleo básico de currículo, que lhes garantem unidade e democratização".

Souza e Correia (2002) referem-se à autonomia proposta na LDB como "decretada" devido ao fato de que mesmo a lei, propondo perspectivas para uma gestão democrática, aponta formas de como os profissionais da educação e as escolas cumprirão a responsabilidade de efetivar essa gestão.

"Portanto, de uma autonomia decretada, é necessário fazer uma outra – uma construída – a partir do diálogo (muitas vezes conflituoso) produzido pelos diversos grupos que participam da organização do trabalho pedagógico" (SOUZA & CORREA, 2002, p. 59), ou seja, os espaços educativos precisam compreender que a autonomia escolar propõe o crescimento dos membros ali presentes, dos espaços, das ações e das decisões.

A existência de uma lei não garante reais melhorias às instituições. É preciso que ela se concretize na conduta e nas atitudes dos profissionais que estão nas escolas. Nesse sentido, para usufruir da autonomia, a escola necessita, além da "liberdade" que a lei indica, condições, recursos humanos, materiais e financeiros, e o comprometimento profissional dos educadores, responsabilidade dos pais e de todos os agentes envolvidos na comunidade escolar para melhorar a qualidade da educação.

Na realidade, são os agentes escolares que, gradativamente, irão efetivar a autonomia da escola, partindo da construção e execução de seu Projeto Político-pedagógico.

> A existência de grupos que "vestem a camisa da escola" e que se envolvem na sua construção permite o avanço da escola em direção à sua autonomia. Uma autonomia que não é dada, mas que se efetiva pela capacidade e pela responsabilidade da escola e do grupo de educadores de colocar em ação seu Projeto Político-pedagógico. É ele o elemento balizador da autonomia administrativa, pedagógica, financeira e jurídica: é o instrumento que orienta e possibilita operacionalizar a autonomia na escola. Assim, o Projeto Político-pedagógico e a autonomia são processos indissociáveis, como também o é a formação continuada, elemento que promove a competência do grupo (CAVAGNARI, 2003, p. 98 e 99).

Deve-se ressaltar que os três aspectos de autonomia aos quais a Lei de Diretrizes e Bases se refere – autonomia pedagógica, financeira e administrativa – interligam-se e se articulam. Veiga (2003) e Cavagnari (2003) ainda indicam mais um tipo de autonomia: a jurídica.

Veiga (2003, p. 16) assim define a autonomia administrativa da escola:

> A autonomia administrativa consiste na possibilidade de elaborar e gerir seus planos, programas e projetos. Envolve, inclusive, a possibilidade de adequar sua estrutura organizacional à realidade e ao momento histórico vivido. Refere-se à organização da escola e nela destaca-se o estilo de gestão, a direção como coordenadora de um processo que envolve relações internas e externas, ou seja, como sistema educativo e com a comunidade na qual a escola está inserida.

A autonomia financeira é outro aspecto ao qual a Lei de Diretrizes e Bases se refere. Para Veiga (2003, p. 17),

> a autonomia financeira refere-se à existência de recursos financeiros capazes de dar à instituição educativa condições de funcionamento efetivo. A educação pública é financiada. A autonomia financeira pode ser total ou parcial. É total quando a escola administra todos os recursos a ela destinados pelo poder público [...]. É parcial quando a escola administra apenas parte dos recursos repassados, mantendo-se no órgão central do sistema educativo a gestão de pessoal e as despesas de capital.

A autonomia financeira indica à gestão a maneira de organizar e administrar seus recursos financeiros, elaborando e executando o orçamento, podendo ampliar sua fonte de receita com finalidades específicas.

Na maioria das instituições a organização financeira acontece por meio da Associação de Pais e Mestres (APM), que, junto com a gestão da escola, organiza planos de metas, diagnostica prioridades e necessidades, promove eventos, direciona os recursos e presta contas ao poder público e à comunidade.

A autonomia pedagógica está intrinsecamente ligada ao Projeto Político-pedagógico da escola.

> Consiste na liberdade de ensino e pesquisa. Está estreitamente ligada à identidade, à função social, à clientela, à organiza-

ção curricular, à avaliação, bem como aos resultados e, portanto, à essência do projeto pedagógico da escola.

A autonomia pedagógica diz respeito às medidas essencialmente pedagógicas, necessárias ao trabalho de elaboração, desenvolvimento e avaliação do Projeto Político-pedagógico, em consonância com as políticas públicas vigentes e com as orientações dos sistemas de ensino (VEIGA, 2003, p. 18).

Dentro desse contexto, a avaliação seria instrumento eficaz para a organização do espaço escolar, por meio do projeto pedagógico. A avaliação institucional efetiva a autonomia da escola e também define o direcionamento das políticas públicas e as diretrizes dos sistemas de ensino.

Nessa perspectiva de interiorização da autonomia da escola, cabe a ela, segundo Veiga (2003): definir toda a sua gama de objetivos, sejam eles filosóficos, pedagógicos, científicos, artísticos, tecnológicos ou culturais; organizar o currículo consoante com diretrizes nacionais/municipais; propor inovações metodológicas; introduzir uma cultura de avaliação institucional; organizar horários e calendários; ser responsável também pela capacitação dos docentes; diagnosticar constantemente os impactos e situações escolares, entre outras responsabilidades.

A autonomia pedagógica se intensifica principalmente conforme a capacidade de questionamento e reflexão dos atores escolares a respeito de questões escolares como missão, objetivos, currículo, metodologia, avaliação, entre outros. Quanto maior o grau de envolvimento dos profissionais, pais e alunos, maior a efetivação do projeto e da autonomia da escola, mesmo que ela esteja vinculada a legislações superiores.

As autonomias pedagógica, financeira, administrativa e jurídica são determinadas pelas suas especificidades, sendo cada uma responsável por certos direcionamentos; todavia, elas estão total e intrinsecamente relacionadas umas com as outras; a efetivação de uma depende do bom andamento da outra, sendo interdependentes e complementares. Essas dimensões da autonomia na escola implicam direitos, deveres e responsabilidade por parte dos agentes escolares. Desenvolvendo progressivamente os graus de autonomia da escola, a identidade da instituição, como resultado, consolida-se.

Nesse contexto de busca da autonomia da instituição de ensino, surgem de maneira interdependente a construção e afirmação de sua identidade. Gadotti (2001, p. 33) afirma que "nessa sociedade cresce a reivindicação pela participação e autonomia contra toda forma de uniformização e o desejo de afirmação da singularidade de cada região, de cada língua etc.", ou seja, por meio de uma gestão democrática a identidade da escola se firma e se define, ressaltando as características de cada comunidade, local e grupo de pessoas.

O Projeto Político-pedagógico, assim como os demais documentos da escola (Regimento Interno, plano de ação e metas) são definidores e produtores da identidade escolar.

É um desafio para o espaço escolar redimensionar a prática de acordo com os princípios de participação, identidade e autonomia e em especial do Projeto Político-pedagógico, que deve ser visto na escola como um subsídio para a gestão e para todos os encaminhamentos da instituição.

Perceber o Projeto Político-pedagógico da escola enquanto um instrumento de gestão traz reflexões a respeito da constante melhoria e revitalização do ensino.

Nessa perspectiva, a autoavaliação institucional se instala e se consolida também como instrumento de gestão, seja para a melhoria e alimentação do próprio projeto pedagógico, seja do espaço escolar em si.

3
A avaliação institucional enquanto uma estratégia da gestão democrático-participativa da escola e a melhoria educacional

A avaliação vem ganhando grande destaque e relevância no contexto atual. Por contribuir com a gestão, no sentido de melhoria da instituição, esse tipo de estratégia auxilia de forma eficaz a tomada de decisões que define os caminhos educacionais.

O avanço da educação se constrói a partir de ações propostas e articuladas pela gestão educacional. Assim, a avaliação institucional torna-se uma estratégia que subsidia os contextos escolares, indicando as potencialidades e os aspectos que precisam ser melhorados.

3.1 Avaliação institucional: aspectos históricos e políticos

Nos últimos anos, a relevância que o tema *avaliação institucional* vem conquistando nos espaços institucionais aponta a discussão de sua importância no processo de melhoria das escolas.

Segundo Dias Sobrinho (2003, p. 13), "a avaliação adquiriu dimensões de enorme importância na agenda política dos governos, organismos e agências dedicadas à estruturação e à gestão do setor público e, particularmente, da educação", ou seja, a avaliação tornou-se um aspecto decisório no direcionamento das políticas públicas da educação, contribuindo para as transformações de estrutura já consolidadas.

No entanto, é preciso compreender a avaliação a partir de um contexto de busca contínua da qualidade e aperfeiçoamento da instituição de ensino. Dias Sobrinho (1995, p. 53) afirma:

> A avaliação institucional ultrapassa amplamente as questões das aprendizagens individuais e busca a compreensão das relações e estruturas. [...] é importante destacar que essas relações ou processos e as estruturas que engendram são públicos e sociais. É exatamente este caráter público e social de qualquer instituição escolar, independente de sua forma jurídica, que impõe com maior força e mais urgência a necessidade da avaliação institucional. Tendo em vista que esses processos são públicos e por ser uma instituição social, criada e mantida pela sociedade, a universidade (doravante me limitarei a ela) precisa avaliar-se e tem o dever de se deixar avaliar para conhecer e aprimorar a qualidade e os compromissos de sua inserção.

Assim, as instituições destinadas à educação, seja em nível básico ou superior, seja privada ou pública, precisam compreender-se em sua totalidade para entenderem melhor seus déficits e potencialidades para que, com base nos dados (qualitativos e quantitativos), possam redirecionar as ações com mais eficácia, trazendo benefício concreto para a escola.

A avaliação torna-se importante estratégia para o processo de tomada de decisões, pois, por meio do diagnóstico coletado, as prioridades e necessidades passam a ser melhor compreendidas; consequentemente, encaminhamentos indicados naquele processo terão maior eficácia dentro do contexto escolar.

A avaliação deve servir como ferramenta de gestão no sentido de direcionar as práticas educativas da escola. Como afirma Stufflebeam (apud DIAS SOBRINHO, 2003), a "tomada de decisão se apoia e se orienta no conhecimento institucional que a avaliação propicia". Sem essas informações, as decisões podem perder a objetividade, não gerando mudanças necessárias no sentido da melhoria do espaço escolar.

A avaliação tem se tornado assunto de grandes discussões no âmbito da educação. Fato que comprova a percepção de sua relevância para o processo de melhoria educacional. No entanto, nem sempre foi assim, e analisar a evolução das concepções de avaliação no decorrer dos anos, repensando sua prática nas escolas, contribui para a compreensão acerca da importância que essa estratégia possui nos espaços escolares.

Vianna (1989, p. 17) afirma:

> Até época recente, a avaliação limitava-se à mensuração do desempenho escolar, ou, então, era concebida segundo um modelo simplista, baseado na apresentação de objetivos comportamentais, construção e aplicação de instrumentos, análise de resultados e elaboração de relatórios.

A avaliação tinha um enfoque apenas mensurável e de quantidade, voltada apenas para o rendimento do aluno. Não havia a preocupação de compreender a especificidade dos contextos, os sujeitos escolares e a subjetividade dos acontecimentos; ignoravam-se esses fatores que também influenciam na melhoria das escolas.

Uma avaliação centrada apenas em medidas acaba por limitar a percepção sobre os contextos educacionais. Considerar o aluno o único responsável pela qualidade da educação era uma perspectiva que limitava a melhoria das instituições.

Contudo, com a evolução da sociedade e de acordo com as transformações dos contextos sociais e as novas demandas que se apresentam nas escolas, gradativamente o enfoque dado à avaliação foi se modificando, como afirma Vianna (1989, p. 17):

> Inicialmente, todo o seu enfoque centralizava-se no aluno e nos problemas de sua aprendizagem; aos poucos, entretanto, sem se afastar desse interesse, modificou a sua orientação e passou do estudo de indivíduos para o de grupos, e destes para o de programas e materiais instrucionais; na etapa atual, preocupa-se com a avaliação do próprio sistema educacional.

No entanto, a percepção dos processos avaliativos dentro das instituições de ensino ainda precisa ser repensada. Muitas escolas se utilizam ainda da avaliação como mecanismo de mensuração, punição e apenas identificação de problemas.

Entender o contexto da avaliação, compreendendo melhor os aspectos e as características que, por vezes, norteiam as práticas avaliativas nas escolas, é pressuposto básico para a transformação e conscientização de sua importância para a gestão escolar. Vianna (1989, p. 19-20) destaca as principais abordagens dadas à avaliação:

> A avaliação educacional, como atividade científica, somente surge na década de 1940, com os trabalhos de Ralph W. Tyler, e desenvolve-se no período de 1960, graças, sobretudo, às contribuições de Lee J. Cronbach, Michael Scriven e Robert E. Stake, entre outros. As várias posições teóricas desses autores, sobre prioridades em avaliação educacional, concorrem para a formulação de diferentes definições desse campo. A definição mais divulgada de avaliação é a que identifica esta última com o processo de medida. A disseminação dessa concepção resultou, em parte, da divulgação, nos meios profissionais, de obras de cientistas com formação básica no campo da psicometria, como, por exemplo, Robert L. Thorndike e Robert L. Ebel. O estudo das diferenças individuais, por sua vez, concorreu para gerar a crença, bastante difundida, aliás, de que avaliar em educação é medir os resultados do rendimento escolar.

No século passado a avaliação tinha uma forte conotação quantitativa; medir resultados obtidos pelos índices numéricos era o objetivo maior para identificar a capacidade do indivíduo em confronto com a totalidade do grupo. Não havia preocupação com avaliação de programas, sistemas ou contextos educacionais.

Ante esse julgamento, é possível afirmar que a avaliação passou por quatro momentos, os quais Dias Sobrinho (2004) caracteriza como *pré-Tyler*, período que envolve os últimos anos do século XIX e as primeiras três décadas do século XX; *com Tyler*, considerado o "pai da avaliação educativa"; a geração de 1946 a 1957, denominada *era da inocência*; e o período chamado *realismo* (1958-1972).

Devido a diferentes concepções de avaliação, os aspectos avaliativos podem ter duplo significado. Visto sua forte influência nas decisões, tanto podem ser utilizados como estratégia para a melhoria dos espaços educacionais ou como um instrumento de dominação e controle governamental.

QUADRO 3 Análise comparativa entre modelos de avaliação

Aspectos	Modelo tradicional de avaliação	Modelo holístico de avaliação
Características	• Burocrática, objetiva, reducionista, descontextualizada, hierárquica, normativa e quantitativa.	• Dialógica, interpretativa, colaborativa, contextualizada, criteriosa, qualitativa, continuada e sistêmica.
Resultados	• A comparação alimenta os tão conhecidos ranqueamentos de cursos e instituições.	• A construção e fortalecimento da identidade institucional mediante questionamentos e produção de sentidos.
Abrangência	• Heteroavaliação. • Setores/partes da instituição, enfocando exclusivamente o ensino.	• Heteroavaliação e autoavaliação. • A totalidade dos setores e serviços envolvendo ensino, pesquisa, extensão e gestão.
Modalidade	• Somativa.	• Diagnóstica e formativa.
Processo	• Classificatório.	• Processual/emancipatório.
Instrumentos	• Quantitativo, destacando a medida.	• Qualitativo, destacando a análise do significado dos dados.
Atores/sujeitos	• Grupo de especialistas.	• Todos os agentes da instituição.
Aprendizagem	• Aprendizagem adaptativa.	• Aprendizagem generativa.
Cultura organizacional	• Cultura conservadora burocrática.	• Cultura de antecipação.

Fonte: Eyng (2004, p. 37)

Eyng (2004) define os processos de avaliação a partir de uma concepção holística num contexto mais emancipador e também outra concepção mais tradicional partindo de uma lógica mais burocratizada e punitiva, como apontado no quadro anterior.

A partir das considerações apontadas por Eyng (2004) é preciso repensar as práticas de avaliação desenvolvidas nos espaços educacionais, identificando-as a partir de uma determinada concepção, e, com base nessas reflexões, transformar e aperfeiçoar esse aspecto enquanto subsídio para a gestão das escolas.

A avaliação institucional vem ganhando força e destaque no que diz respeito às políticas públicas. Cada vez mais surgem estudos, pesquisas e discussões a respeito dessa temática, reforçando ainda mais seu poder nas ações.

> Os instrumentos e indicadores utilizados nas avaliações podem ser os mesmos em várias perspectivas, mas nem sempre cumprem as mesmas finalidades. O que liga aos fins é a intencionalidade com que são praticados. Os mesmos instrumentos e indicadores podem estar a serviço de causas e objetivos bem diferentes – para controlar ou produzir melhoras (DIAS SOBRINHO, 2003, p. 183).

O que realmente caracteriza a ação ou o processo avaliativo é a sua finalidade, pois os instrumentos são os meios para se chegar a determinado diagnóstico; esses instrumentos mudam de perspectiva conforme os fins a que a avaliação se destina.

A avaliação, enquanto busca da qualidade, é um processo de construção que toma o objeto como fenômeno dinâmico; dialoga sobre as causas, processos, contextos, condições e potencialidades de superação, valorizando o qualitativo e o subjetivo; não esquece critérios externos; constrói a avaliação com a missão e prioridades do espaço escolar (DIAS SOBRINHO, 2003).

> Enquanto a avaliação como controle busca verificar as relações de correspondência entre o realizado e o planejado, entre os resultados atingidos e as normas e padrões do mundo

educacional e as exigências de perfis profissionais, [...] a avaliação como processo de formação humana põe em questão os sentidos que os próprios agentes dos processos educativos estão produzindo (DIAS SOBRINHO, 2003, p. 183).

Ao realizar a avaliação institucional é necessário que ela esteja fundamentada em princípios construtivos e voltada para a melhoria escolar. Sua finalidade deve ser clara e objetiva, envolver a subjetividade dos contextos por meio da participação de todos, de forma democrática, e preservar a identidade e a autonomia da instituição.

Dias Sobrinho (2003, p. 176) afirma:

> A avaliação, assim compreendida, é uma prática social orientada, sobretudo, para produzir questionamentos e compreender os efeitos pedagógicos, políticos, éticos, sociais, econômicos do fenômeno educativo, [...] o sentido educativo da avaliação se potencia ainda mais quando os próprios agentes de uma instituição se assumem como protagonista da tarefa avaliativa.

Beloni e Beloni (2003, p. 17) entendem a avaliação institucional como "um processo sistemático de análise de uma atividade ou instituição que permite compreender, de forma contextualizada, todas as suas dimensões e implicações, com vistas a estimular seu aperfeiçoamento", ou seja, deve estar baseada no processo de melhoria da escola.

Destarte, é preciso compreender os princípios em que a avaliação está fundamentada, qual sua finalidade e quais são os objetivos de sua realização. Beloni e Beloni (2003, p. 18) indicam que a finalidade da avaliação "tem dois objetivos: o autoconhecimento e a tomada de decisão. Tem como finalidade aperfeiçoar a instituição e o sistema em seu funcionamento e seus resultados". Assim, a avaliação deve ser considerada e implementada como prática permanente na escola.

A avaliação institucional, hoje, tem aparecido como destaque educacional, principalmente no que se refere à educação superior. A educação básica vem trilhando timidamente esse caminho, pois as iniciativas de avaliação institucional são desenvolvidas nessa etapa do ensino por meio de programas por amostragem e com foco maior no rendimento do aluno, como o Saeb. Na educação superior, a avaliação já se desenvolve de maneira significativa: onde o contexto é melhor evidenciado, ou seja, é necessário que a avaliação da educação básica envolva vários outros elementos de coleta de dados para um efetivo diagnóstico do contexto educacional brasileiro.

Uma proposta de avaliação institucional deveria envolver instrumentos de coleta como o Saeb, a Prova Brasil, o Censo Escolar e outras instâncias do espaço educacional, inclusive a autoavaliação e a meta-avaliação, para abranger de maneira mais qualitativa os contextos e as realidades escolares.

As universidades brasileiras há muito tempo já vêm discutindo programas de avaliação institucional com o intuito de buscar a melhoria educacional para seus espaços.

Em 2004 surge uma nova proposta de avaliação institucional no que diz respeito à educação superior, o Sistema Nacional de Avaliação da Educação Superior (Sinaes).

> O enfoque a ser adotado considera a avaliação institucional não como um fim em si, mas como parte de um conjunto de políticas públicas, no campo da educação superior, voltadas para a expansão do sistema pela democratização do acesso para que a qualificação do mesmo faça parte de um processo mais amplo de revalorização da educação superior como parte de um projeto de desenvolvimento da nação brasileira (BRASIL, 2007).

Criado pela Lei 10.861, de 14 de abril de 2004:

> O Sistema Nacional de Avaliação da Educação Superior é o novo instrumento de avaliação superior do MEC/Inep. Ele é formado por três componentes principais: a avaliação das instituições, dos cursos e do desempenho dos estudantes. O Sinaes avaliará todos os aspectos que giram em torno desses eixos: o ensino, a pesquisa, a extensão, a responsabilidade social, o desempenho dos alunos, a gestão da instituição, o corpo docente, as instalações e vários outros aspectos.

A avaliação da educação superior engloba princípios de totalidade com o intuito de respeitar todos os aspectos que regem as instituições de ensino, buscando desenvolver um sistema de avaliação que abranja a globalidade da universidade. Nesse contexto, o Sinaes não possui um enfoque mensurável, como se verifica nos art. 1º e 2º da Lei 10.861/04:

> O Sinaes tem por finalidade a melhoria da qualidade da educação superior, a orientação da expansão da sua oferta, o aumento permanente da sua eficácia institucional e efetividade acadêmica e social e, especialmente, a promoção do aprofundamento dos compromissos e responsabilidades sociais das instituições de educação superior, por meio da valorização de sua missão pública, da promoção dos valores democráticos, do respeito à diferença e à diversidade, da afirmação da autonomia e da identidade institucional.

A avaliação institucional da educação superior tem por objetivo abranger todo o estabelecimento, valorizando seus princípios, metas e autonomia. Todos os dados e informações obtidos servirão para redirecionar as ações e decisões e explicitar a realidade do contexto escolar por parte da comunidade e dos alunos. Os princípios baseiam-se no respeito à identidade e autonomia da instituição, pela realização da autoavaliação e avaliação externa.

No âmbito da avaliação institucional, a avaliação externa poderá contribuir para que os limites e potencialidades da instituição sejam observados com imparcialidade no espaço escolar.

Essa prática pode contribuir quando articulada com a autoavaliação, pois, sendo os avaliadores agentes externos, os fatores que, muitas vezes, os sujeitos internos desejam encobrir serão analisados com objetividade.

Silva (2001, p. 55) conceitua a avaliação externa como "aquela realizada por pessoas que não integram o quadro da instituição agente do programa. Supostamente, são especialistas com experiência e conhecimento de metodologia da avaliação", ou seja, para o Sinaes a avaliação externa é realizada por Comissões Externas de Avaliação Institucional, designadas pelo Inep, examinando os seguintes documentos:

- Plano de desenvolvimento institucional.
- Relatórios finais e parciais do processo de autoavaliação, produzidos pelas IES segundo as orientações do Inep.
- Dados gerais e específicos das IES constantes do Censo da Educação Superior e do cadastro de Instituições da Educação superior.
- Desempenho dos estudantes da IES no Enade.
- Relatórios da avaliação dos cursos de graduação da IES produzidos pelas Comissões Externas de Avaliação de Curso, disponíveis no momento da avaliação.
- Questionários socioeconômicos dos estudantes, coletados na aplicação do Enade.
- Relatório da Comissão de Acompanhamento do Protocolo de Compromisso, quando for o caso.
- Relatórios e conceitos da Capes para os cursos de graduação da IES.
- Documentos sobre os credenciamentos e o último recredenciamento da IES (BRASIL, 2007).

Todos os dados levantados pela avaliação externa propõem a análise tanto quantitativa quanto qualitativa do contexto, para verificar a totalidade da instituição de ensino avaliada.

A autoavaliação no espaço escolar visa propor ações que possibilitem a compreensão dos aspectos da escola, envolvendo os próprios sujeitos que compõem a instituição.

A autoavaliação que, para Silva (2001, p. 56), "é realizada por pessoas envolvidas diretamente na execução do programa", no caso do Sinaes, que é coordenado por uma Comissão Própria de Avaliação (CPA), sob orientação das diretrizes estabelecidas pelo Conaes (Comissão Nacional de Avaliação da Educação Superior), propicia a participação dos envolvidos no processo e uma reflexão com maior eficácia do contexto avaliado, desde que esse momento seja conduzido de maneira participativa.

Em relação à autoavaliação, a Conaes aponta como objetivos:

> Produzir conhecimentos, pôr em questão os sentidos do conjunto de atividades e finalidades cumpridas pela instituição, identificar as causas dos seus problemas e deficiências, aumentar a consciência pedagógica e capacidade profissional do corpo docente e técnico-administrativo, fortalecer as relações de cooperação entre os diversos atores institucionais, tornar mais efetiva a vinculação da instituição com a comunidade, julgar acerca da relevância científica e social de suas atividades e produtos, além de prestar contas à sociedade (BRASIL, 2007).

Todos os objetivos propostos pelo Conaes correspondem a ações que visam compreender o contexto da instituição de ensino e buscam componentes que a definam por meio da responsabilidade coletiva e participativa.

A interação de toda a comunidade escolar para a melhoria da instituição é a peça-chave para o bom desenvolvimento educacional, tornando-se esse um dos elementos necessários para a implantação da autoavaliação no espaço escolar.

3.2 Políticas de avaliação da educação básica

Ao se tratar de avaliação da educação é muito provável que nas escolas, frente a esse debate, aconteçam muitas divergências, sendo natural a discordância de ideias. Realmente não existe um consenso a respeito do tema, muitas são as discussões, as dúvidas e as angústias dos profissionais da educação.

A avaliação institucional torna-se um desafio principalmente nas escolas de educação básica, nas quais o MEC desenvolve uma proposta de avaliação por amostragem nos estados e municípios: o Saeb.

O Sistema de Avaliação da Educação Básica (Saeb), realizado desde a década de 1990, é desenvolvido pelo Instituto Nacional de Pesquisas Educacionais Anísio Teixeira (Inep) – órgão do Ministério da Educação – e tem como princípios:

> Apoiar o município e a União na formulação de políticas que visam a melhoria da qualidade do ensino. O Saeb, que coleta dados sobre os alunos, professores, diretores e escolas públicas e privadas em todo o Brasil. [...] Participam da avaliação alunos da 4ª e 8ª séries do Ensino Fundamental e da 3ª série do Ensino Médio, fazem provas de Língua Portuguesa e de Matemática. Eles também respondem a um questionário de hábitos de estudo e suas características socioculturais. Os professores e diretores participam respondendo questionários que informam sobre perfil e prática docente, mecanismos de gestão e infraestrutura. [...] Como o Saeb não avalia a totalidade dos estudantes do país é feito em uma amostra que representa o universo das matrículas (BRASIL, 2007).

A avaliação proposta pelo MEC no que diz respeito à educação básica não expressa a realidade da educação brasileira, devido a seu caráter isolado, pois deixa de lado os aspectos subjetivos que influenciam o funcionamento das escolas. Muitos contextos não são inseridos no processo de avaliação, o que pode deixar de fornecer dados importantes para o diagnóstico educacional brasileiro, para o interior das próprias escolas e para a tomada de decisão.

Franco indica quais são os argumentos utilizados pelo sistema para defender um programa de avaliação por amostragem "desde que não se tenha a intenção de avaliar cada escola, o processo por amostragem funciona com vantagens relacionadas com menor custo e menor interferência na vida das escolas" (2004, p. 53).

Esse tipo de avaliação não produz transformação dentro das instituições de ensino, pois não é construído, efetivado e utilizado pela comunidade escolar, mas é essencial que a gestão escolar tenha parâmetros para conduzir suas ações.

São objetivos principais do Saeb:

• Oferecer subsídios à formulação, reformulação e monitoramento de políticas públicas e programas de intervenção ajustados às necessidades diagnosticadas.

• Identificar os problemas e as diferenças regionais do ensino.

• Produzir informações sobre os fatores do contexto socio-econômico, cultural e escolar que indicam desempenho dos alunos.

• Propiciar aos agentes educacionais e à sociedade uma visão clara dos resultados dos processos de ensino e aprendizagem e das condições em que são desenvolvidos.

• Desenvolver competência técnica e científica na área de avaliação educacional, ativando o interligamento entre instituições educacionais de ensino e pesquisa (BRASIL, 2005).

Com a definição desses objetivos propostos para contribuir com a melhoria da educação nacional, o sistema de avaliação proposto pelo Saeb (Sistema de Avaliação da Educação Básica) não abrange todas as escolas nacionais e nem mesmo envolve todos os aspectos da instituição, podendo contribuir pouco para a melhoria do espaço escolar, visto que o encaminhamento das ações não permite o êxito do que é proposto.

Nessa perspectiva Franco (2004, p. 54) afirma: "Os subsídios para cada uma das escolas precisariam ser considerados pela equipe de cada escola. Estou plenamente convencido de que escolas que estejam mobilizadas para se autoavaliarem podem se beneficiar muito de subsídios relevantes que a avaliação pode fornecer".

Soares (2003, p. 66), dentro dessa perspectiva avaliativa, ainda advoga:

Um modelo de avaliação de escolas só pode ser construído sobre um modelo de funcionamento da escola. Isso porque a unidade da análise nesse tipo de avaliação é a própria escola tomada como um todo e não suas partes constituintes, como as salas de aula, seus membros ou seus alunos.

Soares (2003) ainda esclarece que mesmo o Saeb viabilizando uma perspectiva de avaliação das instituições de educação básica, é preciso que as escolas se proponham a autoavaliar-se, sendo esse um dos objetivos para a melhoria do espaço educacional.

A organização de todos os âmbitos de gestão escolar, partindo da efetiva participação, depende da mobilização de cada envolvido para melhor conhecer, entender, estruturar e utilizar, em especial, essa ferramenta que é a autoavaliação, com o intuito de melhorar todos os aspectos educacionais.

No entanto, mesmo buscando nova abordagem para uma política de avaliação institucional na educação básica, esse processo ainda está centrado no rendimento do aluno, não relevando muitas vezes os contextos de gestão escolar, Projeto Político-pedagógico, ação docente e participação da comunidade nas instâncias educacionais.

3.3 A autoavaliação institucional: uma experiência vivenciada

Esta seção apresenta o relato sobre o processo de autoavaliação institucional desenvolvido numa escola de educação básica da região metropolitana de Curitiba. Serão aqui especificados o contexto, destacados os procedimentos e instrumentos utilizados, bem como os propósitos desses estudos.

Tem como objetivo descrever o processo realizado, elencando passo a passo o que se deu.

3.3.1 O contexto investigado

A escola onde foi realizado o processo de autoavaliação é uma escola rural de educação básica do 2º ao 5º anos do Ensino Fundamental, no Município de São José dos Pinhais, região metropolitana de Curitiba.

Dados gerais do município, população e das escolas municipais

O Município de São José dos Pinhais está localizado a mais ou menos quinze quilômetros do centro de Curitiba. É o principal acesso aos Estados de Rio Grande do Sul e Santa Catarina.

São José dos Pinhais está localizado na porção leste da região metropolitana de Curitiba, fazendo divisa ao norte com Curitiba, Pinhais e Piraquara; ao sul com Mandirituba e Tijucas do Sul; a leste com Morretes e Guaratuba; e ao oeste com Fazenda Rio Grande.

Tem se destacado no contexto atual pela implantação de multinacionais como Audi e Renault. Também disponibiliza a infraestrutura do Aeroporto Internacional Afonso Pena.

O setor da agricultura, por sua vez, ainda se desenvolve de maneira acentuada no município, com lavouras específicas de feijão, batata, hortaliças, e o plantio do morango e camomila atualmente.

Nos últimos tempos, devido à vinda das multinacionais, o município cresce de forma acentuada, tornando-se o terceiro município em arrecadação do Estado do Paraná.

Na área da educação o município tem investido muito na estrutura física das unidades de ensino, como: construção, ampliação e reforma das escolas e centros de Educação Infantil, construção de quadras cobertas e demais elementos necessários aos prédios escolares.

Durante esse processo, o Município de São José dos Pinhais era um dos pioneiros na implantação do sistema próprio de educação, fato esse que deveria dar mais autonomia em relação às políticas públicas municipais, o que na prática, devido a inúmeros fatores da realidade histórica do município, não acontece.

São José dos Pinhais é responsável pela Educação Infantil e anos iniciais do Ensino Fundamental (1º ao 5º).

Conta com aproximadamente 53 escolas urbanas, 8 escolas rurais, perfazendo um total de 61 escolas e 33 centros de Educação Infantil.

Avaliação no contexto investigado: Programa Escola Campeã

Compreendendo a avaliação no contexto municipal, faz-se necessário explicitar que na gestão municipal de São José dos Pinhais nos anos de 2000 a 2004, em parceria com o instituto Ayrton Sena, foi implantado um programa que em alguns aspectos se caracterizava como um programa de avaliação institucional denominado Escola Campeã.

Esse programa de gestão se caracteriza como um dos primeiros momentos em que diretores, gestores, coordenadores, professores e toda a comunidade escolar tiveram contato com experiências de avaliação institucional no município.

No ano de 2000, em parceria com o Instituto Ayrton Senna e a Fundação Banco do Brasil, implanta-se no Município de São José dos Pinhais o "Programa Escola Campeã", constituído por dois subprogramas, um direcionado à gestão escolar e o outro à gestão municipal.

O Programa Escola Campeã foi implatado em cinquenta e cinco municípios brasileiros com os objetivos de "melhorar a qualidade do Ensino Fundamental, aumentar a equidade e melhorar a eficiência na aplicação dos recursos públicos. O foco concentrava-se no sucesso do aluno no Ensino Fundamental" (SCHLOGEL, 2004, p. 33):

> Como compromissos, o município assumiu: coordenar o Plano Municipal de Educação, priorizar os compromissos estipulados no Plano, priorizar o Ensino Fundamental, assegurar a correta e pontual destinação dos recursos constitucionais para a educação e a transparência no seu uso, implementar mecanismos que assegurem o funcionamento da Semed e a autonomia das escolas, implementar políticas de carreira, estabelecer metas de qualidade para o desempenho dos alunos, implementar programas de triagem de alunos, alfabetização e regularização do fluxo escolar.

No entanto, os dirigentes escolares na época não foram favoráveis à implantação do programa no município, e, em conversas, a maioria dos diretores das unidades reclamava e questionava o programa, que, de certa maneira, aumentou os aspectos burocráticos na escola – preenchimentos de papéis, fichas e relatórios –, fragmentou e fragilizou as relações interpessoais no contexto educacional. Ainda, outros questionavam uma supervalorização dos resultados (fossem negativos ou positivos) obtidos pelos alunos e também as metas elaboradas.

Foram essas reflexões que produziram as primeiras inquietações e acarretaram o desenvolvimento deste trabalho, pois, no atual contexto social em que as escolas estão inseridas, o enfoque gerencial de gestão faz com que os espaços escolares não produzam uma avaliação centrada no processo e na melhoria. Apenas os resultados são ressaltados, o que gera classificações, cumpridas somente por determinações burocráticas que servem como instrumento de dominação.

Quando algum tipo de programa, projeto ou demais ações são implantados numa perspectiva hierarquizada (de cima para baixo), em que não existe a participação dos envolvidos durante as etapas do processo – elaboração, discussões, aplicação, análise, tomada de decisão –, como o enfoque da avaliação participativa prevê, não há envolvimento efetivo, responsabilidade coletiva ou engajamento.

É preciso que a implantação de um programa que visa à avaliação institucional como estratégia de melhoria da educação tenha como base uma discussão democrática, tornando-se um processo de construção e aprendizagem para todos. Deve partir especialmente da necessidade das escolas, ultrapassando as visões hierarquizadas que norteiam ainda a gestão das instituições e dos sistemas de ensino.

A escola investigada

A Escola Rural Municipal Profa. Divahê Cruz Ulrich foi criada no ano de 1985, no Município de São José dos Pinhais, para atender a uma pequena clientela rural próxima à escola, mas, em especial, a alunos provenientes de terrenos da Coab.

Essas crianças vinham de invasões das regiões de Curitiba, o que causou grande impacto na comunidade rural formada por descendentes de poloneses, que viram sua região agrícola sendo habitada por pessoas estranhas, com costumes e hábitos diferentes.

Nesse período a escola passou por processos difíceis de adaptação, pois, além de atender alunos da região, tinha que se preparar para receber uma nova clientela advinda da área urbana. Contava com turmas multisseriadas, manhã e tarde, com apenas uma professora, não havendo serviços gerais ou administrativos.

Pelos conflitos advindos naquele contexto, ainda hoje a escola é identificada como a escola dos "marginais" por moradores antigos da região, o que causa muitas vezes a diminuição de matrículas de crianças que vão para outras escolas da região.

No ano de 1997, a escola passou a ter uma direção itinerante, ou seja, uma diretora indicada pela Semed (Secretaria Municipal da Educação) que passou a visitar a escola uma vez por mês. Os conflitos e situações eram resolvidos por essa funcionária, que atendia também mais outras sete escolas do município com as mesmas características rurais.

A partir do ano de 2004, a escola passa a ter uma diretora, eleita por processo democrático, e amplia-se o quadro dos professores, seriando as turmas e efetivando o direito à hora-permanência aos docentes. Passa também a contar com serviços gerais e estagiários que desempenham o papel de auxiliares administrativos.

No aspecto financeiro, no ano de 2005, organiza a Associação de Pais e Mestres e passa a receber recursos financeiros devido a convênios com a Prefeitura Municipal (verba autogestão) e com o Governo Federal (Programa Dinheiro Direto na Escola).

A escola conta com uma clientela aproximadamente de 100 alunos.

No que diz respeito ao Saeb, a Escola Rural Municipal Profa. Divahê Cruz Ulrich, em nenhum momento, no que foi verificado, foi avaliada por aquele sistema.

Procedimentos e instrumentos de investigação

O processo de autoavaliação institucional na escola de educação básica iniciou-se com a análise documental, tendo como fonte os documentos internos da escola como regimento interno, Projeto Político-pedagógico e plano de metas. A seguir, foram construídos coletivamente instrumentos para a coleta de dados, sob a forma de questionários, e foram aplicados em toda a comunidade escolar incluindo grupos de discussão.

Neste trabalho, a construção dos questionários tanto quanto as respostas fornecidas pelos sujeitos da pesquisa serviram de dados para a autoavaliação institucional e, consequentemente, para o processo de tomada de decisões.

O trabalho em grupo ou em equipe permite aumentar o grau de interação e maximizar os resultados obtidos, trazendo a todos a consciência da responsabilidade pelo contexto investigado. Uma das vantagens do trabalho em grupo é "a das pessoas trazerem, cada uma delas, diferentes competências e perspectivas para a investigação" (BOGDAN & BIKLEN, 1999, p. 278); assim, numa proposta de pesquisa-ação, as interações fazem a diferença na hora da obtenção dos dados. É preciso que o grupo envolvido, que interage e contribui para o processo, traga suas reflexões, transformando as ações durante o processo.

A construção dos instrumentos de investigação e a análise dos dados da autoavaliação institucional partiram de grupos de discussão da comunidade escolar e, em especial, da Comissão de Avaliação Institucional.

Sujeitos envolvidos no processo de autoavaliação

O processo de autoavaliação institucional realizado na escola de educação básica durante o ano letivo de 2006 teve como sujeitos envolvidos todos os profissionais da escola – cinco professores efetivos, dois serventes (serviços gerais), dois auxiliares administrativos (estagiários) – e sessenta famílias, perfazendo um total de sessenta e oito agentes.

Caracterização dos sujeitos envolvidos no processo de auto-avaliação

QUADRO 4 Perfil dos profissionais da escola

Funcionários Cargo	Formação	Tempo de atuação na escola
Professora	• Graduação: Pedagogia • Especialização em Educação Infantil e Psicopedagogia	20 anos
Professora	• Graduação: Magistério Superior • Especialização em Psicopedagogia	4 anos
Professora	• Graduação: Pedagogia	6 meses
Professora	• Graduação: Pedagogia	6 meses
Professora de Inglês	• Graduação: Magistério Superior	4 anos
Serviços gerais	• Ensino Médio	13 anos
Serviços gerais	• Ensino Fundamental incompleto	2 anos
Estagiária	• Cursando Magistério Superior	2 anos
Estagiaria	• Cursando Ensino Médio	1 ano

Fonte: Quadro elaborado pela autora com base na pesquisa de campo.

QUADRO 5 Perfil das famílias (60 famílias entrevistadas)

Analfabeto	Ensino Fundamental incompleto	Ensino Fundamental completo	Ensino Médio	Ensino Superior
3 famílias	38 famílias	10 famílias	7 famílias	• 2 famílias • Magistério Superior • Marketing

Fonte: Quadro elaborado pela autora com base na pesquisa de campo.

Das sessenta famílias, apenas oito residem na comunidade há mais de vinte anos. Do restante, quarenta e duas são famílias que vieram para a comunidade com a implantação da Coab (Companhia de Habitação de Curitiba) na década de 1980, e dez são famílias de chacareiros que permanecem em torno de 2 a 5 anos e logo se mudam para outra comunidade.

Pode-se fazer o seguinte levantamento sobre o número de filhos das famílias envolvidas no processo de autoavaliação: dez famílias possuem apenas um filho; 30 famílias possuem, em média, dois; 11, até três filhos, e 9 famílias, de quatro até sete filhos.

A maioria das famílias é proveniente dessa região rural, tendo como fonte de renda a agricultura (em especial plantio de morango e batata), as granjas, sendo que alguns pais trabalham como caseiros de chácaras. As mães, em sua grande maioria, são donas de casa e auxiliam os maridos nas tarefas da lavoura ou das chácaras.

As famílias com Ensino Médio e Ensino Superior, que atualmente moram na localidade com o intento de garantir uma vida mais tranquila, são provenientes da área urbana do município. Uma parte dos pais trabalha no centro da cidade. A maioria das famílias dos alunos é proveniente da Coab (em torno de 80%).

Em nenhum momento da história da escola os pais foram convidados a participar do processo de construção do Projeto Político-pedagógico, do Regimento Interno ou de qualquer outro elemento definidor das ações escolares. A participação dos pais na escola ainda é um processo em construção, mesmo que eles ainda demonstrem um respeito grande pela escola, característico na clientela rural, que vê a escola e os profissionais que ali trabalham como detentores do saber.

Construindo a autoavaliação-participativa

Nessa etapa a participação da comunidade escolar passa a ser de suma importância. Iniciou-se o processo com a realização de uma assembleia para que se apresentasse a proposta de autoavaliação e a organização de uma comissão composta por pais e funcionários visando conduzir o processo de autoavaliação.

Após essa etapa foram realizadas reuniões para discutir o processo de avaliação (entender o que ele é, os aspectos a serem avaliados, construir e aplicar os instrumentos de pesquisa e fazer a análise dos dados), reunir a comissão para a tomada de decisão e, após, o referendo para as decisões em assembleia.

Assembleia – Apresentação e criação da Comissão de Avaliação Institucional

No dia 8 de fevereiro de 2006 realizou-se a primeira assembleia com pais e profissionais. Além de tratar assuntos gerais do funcionamento da escola, esse encontro tinha como objetivo maior colocar em prática o projeto de pesquisa de mestrado, orientando os pais sobre o trabalho referente à avaliação institucional como via para melhorar o espaço escolar.

A assembleia contava com uma representatividade de trinta e oito famílias. Em seguida, em breves palavras, relatou-se a importância de um projeto de avaliação institucional para o espaço escolar, e que o mesmo deveria ser construído e aplicado com a participação e envolvimento de todos, a fim de apontarem os aspectos em que a escola mais deveria melhorar.

Explicitou-se também a necessidade de organizar uma comissão, que deveria ser constituída por, no mínimo, dez pais, para dar andamento ao processo de construção do projeto de avaliação.

Na sequência, reservou-se um momento para as possíveis perguntas e para que aqueles que estivessem dispostos a participar da comissão indicassem seus nomes.

A primeira pergunta, elaborada por uma das mães, dizia respeito aos horários e em quantas vezes aconteceriam as reuniões. Foi respondido que seriam realizadas uma ou duas vezes por mês, uma hora após o horário de aula, visto que precisava também da participação das professoras e demais funcionários para desenvolver o projeto.

A comissão foi formada com dez membros. Na mesma assembleia foi feito o convite a todos os professores, funcionários e estagiários para também participarem da comissão de avaliação, o qual foi aceito por todos.

Assim foi criada a Comissão de Avaliação Institucional, composta por dez pais, cinco professoras, duas auxiliares administrativas (estagiárias) e duas dos serviços gerais (serventes).

Reuniões da comissão
Compreendendo a avaliação

No dia 8 de março do ano de 2006, após o horário de aula, realizou-se a primeira reunião da Comissão de Avaliação. Nesse dia compareceram nove dos dez pais e todos os funcionários da escola, exceto a professora de Inglês, que era uma funcionária itinerante (comparecia na escola apenas nas terças-feiras), perfazendo um total de 18 pessoas.

Nesse primeiro momento, solicitou-se aos membros que, de forma voluntária, expusessem sua expectativa a respeito do processo de avaliação. Apenas três pais se pronunciaram, tendo praticamente a mesma fala, ou seja, melhorar a escola e a educação dos filhos.

Uma das mães sugeriu mudanças como a construção do muro, a colocação do parquinho, aulas de informática para os alunos, que futuramente seriam expandidas para a comunidade. Das serventes e das estagiárias não houve pronunciamento. Uma das professoras comentou que esse projeto seria bom, pois propiciaria melhorias para a escola e incentivaria uma participação maior dos pais; no entanto, devido ao silêncio e à hesitação da maioria das professoras, lê-se certa recusa ao projeto.

Nesse dia foi debatido um esquema simples (apêndice 1) que representava o que era a avaliação. Na sequência abriu-se um momento para discussão e debates.

Tratou-se a avaliação como era vista antigamente e qual a sua finalidade atual. Em especial, foram discutidos os princípios da avaliação institucional e o fato de ela ser realizada para a tomada de decisão em prol da melhoria do contexto escolar.

A seguir comentou-se a respeito da Lei de Diretrizes e Bases 9.394/96, sendo explicitado aos pais que essa Lei define o direcionamento da educação brasileira e que ela prevê a participação da comunidade, pautada numa gestão democrática, na elaboração do Projeto Político-pedagógico da escola, determinando que ela deve construir seus graus de autonomia pedagógica, financeira e administrativa.

Foi perguntado a todos se tinham compreendido o exposto. As professoras responderam que sim, os pais e as demais funcionárias deram risada, comentaram que tudo era muito novo, mas que, aos poucos, se sentiriam mais seguros.

Em seguida, deliberou-se sobre a necessidade de se elaborar um cronograma de trabalho e foram solicitadas sugestões. Uma das professoras afirmou que, de acordo com a LDB, que indica três instâncias de autonomia – administrativa, financeira e pedagógica –, poderiam elencar qual o item de cada instância seria avaliado. Quando os membros foram questionados se concordavam com o sugerido, afirmaram unanimemente. Decidiu-se que na próxima reunião seria necessário estudar o que caracteriza cada uma das três indicações de autonomia: pedagógica, financeira e administrativa.

Assim, na sequência, elaborou-se um cronograma de trabalho, conforme o quadro 6:

QUADRO 6 Cronograma de trabalho

Março	Estudo do que é autonomia pedagógica, financeira e administrativa.
Abril	Determinar os itens de avaliação da instância pedagógica.
Maio	Determinar os itens de avaliação da instância administrativa.
Junho	Determinar os itens de avaliação da instância financeira.
Julho	Formular o primeiro instrumento de coleta de dados.
Agosto	Aplicação do instrumento de avaliação.
Setembro/outubro	Análise de dados.
Novembro	Tomada de decisão para o ano letivo de 2007.

Fonte: Quadro elaborado pela autora com base na pesquisa de campo.

Com a aprovação de todos, determinou-se, então, que o cronograma de trabalho seguiria essa ordem, e as reuniões aconteceriam nas quartas-feiras, A CADA QUINZE DIAS.

Definindo as instâncias de avaliação

No dia 22 de março, reuniu-se novamente a Comissão de Avaliação, que, pela iniciativa de uma das mães, passou a ser chamada CAI. Nesse dia, o número de participantes diminuiu, contando apenas com 6 pais (os outros justificaram a falta com compromissos no trabalho), 4 professoras (a professora de Inglês não esteve presente), 1 estagiária e as duas dos serviços gerais, perfazendo um total de quatorze pessoas, inclusive a gestora.

Para esse dia, construiu-se um texto (apêndice 2), tratando da instância pedagógica, administrativa e financeira, tendo como base Veiga (2003) e Cury (2005).

Tratou-se mais de um momento expositivo no qual foi explicado o conceito de gestão, Projeto Político-pedagógico e instâncias pedagógica, financeira e administrativa.

Ao mesmo tempo em que se expunha o conteúdo, instigava-se a comissão a fazer paralelos com os itens que poderiam ser avaliados em cada aspecto, como professores, auxiliar administrativo, merenda, entre outros.

Nesse dia a participação foi inexpressiva e foi necessário conduzir uma exposição discursiva sobre o esquema que havia sido organizado.

Definindo os itens de avaliação nos aspectos pedagógicos

Na reunião de 15 de abril, o número de participantes continuou o mesmo: 6 pais, 4 professoras, 1 estagiária, 2 dos serviços gerais, a gestora, perfazendo um total de quatorze pessoas.

Como já definido no cronograma, a reunião se destinava à definição dos itens que seriam avaliados no aspecto pedagógico.

Convém ressaltar que, durante o decorrer do mês, duas professoras procuraram esta pesquisadora para desabafar, dizendo que estavam receosas sobre a avaliação da escola, pois tinham medo do julgamento que poderiam fazer a respeito do trabalho que desempenhavam. Foi-lhes explicado que essa avaliação não seria algo ruim como pensavam, mas algo benéfico, pois era a oportunidade de melhorar aspectos talvez antes não debatidos. Ainda foi esclarecido que era importante que todos mudassem a maneira de ver a avaliação, porque não indicaria falhas e erros, mas apontaria no que todos deveriam melhorar. Ao fim, foi-lhes sugerido que expusessem essa angústia nos encontros de avaliação.

Uma das professoras conformou-se e concordou; a outra ainda reforçou que precisaria trabalhar muito para aceitar críticas ao seu trabalho, pois tinha dificuldades para lidar com elas.

Quanto à reunião da CAI, nesse dia os itens que deveriam ser avaliados no aspecto pedagógico da escola foram elencados. Quando as sugestões da comissão começaram a fluir, houve-se por bem interferir, já que alguns pais sugeriam um item a ser avaliado e, em seguida, já sugeriam a ação. Alertou-se então a todos que a tomada de decisão ficava para outro momento, e que era essencial se lembrassem de que o aspecto pedagógico não dizia respeito apenas ao aluno, pois existem outros norteadores, como filosofia, conteúdos, professores e metodologia que se inseriam na questão da aprendizagem.

Assim, definiu-se que a avaliação no aspecto pedagógico abrangeria professores e alunos. Uma das professoras questionou se entraria também neste item o Projeto Político-pedagógico. Voltando ao texto de estudo a respeito do PPP, discutiu-se e, partindo da sugestão das professoras e havendo concordância do restante do grupo, decidiu-se que o projeto entraria na área administrativa, visto que se refere à instituição como um todo.

Focou-se o aspecto pedagógico na interação em sala de aula, estabelecendo-se os seguintes critérios para avaliar professor e aluno:

• Professores: na qualidade com que atuam em sala de aula, promovendo a aprendizagem ao aluno.

• Alunos: qualidade da aprendizagem.

Definiu-se que para realizar a avaliação seriam utilizados questionários, e todos os pais e funcionários da escola participariam da avaliação, ou seja, todos responderiam ao questionário.

A professora que anteriormente havia confessado estar receosa disse preferir que a avaliação fosse feita em reunião e não sob a forma de questionário, porque gostaria que a avaliação fosse dirigida diretamente a ela. Esclareceu-se que, muitas vezes, os pais estão descontentes e não têm coragem de falar – muitos por timidez, outros por repressão –, e, assim, a presença de membros da escola poderia intimidar um diagnóstico mais eficaz a respeito da situação da escola, no que todos concordaram, indicando não haver necessidade de identificação nas fichas de avaliação.

Definindo os itens de avaliação nos aspectos administrativos

Essa reunião destinou-se à definição de quais aspectos administrativos seriam avaliados. Os pais sugeriram avaliar a secretaria da escola. Esperou-se por outras sugestões, mas não houve pronunciamento; então, sugeriu-se que a gestão da escola fosse avaliada; os pais ficaram em silêncio e explicou-se que não precisavam ter receio, porque a gestão da escola não era somente a diretora, mas todo o contexto escolar; ainda se esclareceu que avaliar a gestão era necessário para um melhor andamento da instituição.

Foi sugerido por uma das mães que a merenda e a limpeza da escola também fossem avaliadas. Perguntou-se ao grupo o que eles achavam e todos, inclusive as funcionárias dos serviços gerais, concordaram.

Notou-se que o entendimento que o grupo tinha a respeito do aspecto administrativo se limitava a pessoas e à secretaria da escola. Então foi preciso verificar se sabiam quais eram os documentos que norteavam o rumo da instituição. Uma das professoras afirmou que era o projeto pedagógico, o Regimento Interno e o plano de metas. No entanto, uma das mães, em concordância com a fala de outra professora, disse que os pais não sabiam o que eram esses documentos.

Nesse ponto, ressaltou-se que o plano de metas era sempre divulgado nas reuniões e no jornalzinho da escola e, se esse item apontasse que os pais não sabiam o que seriam esses documentos, a avaliação demonstraria aí uma falha a ser corrigida pela gestão da escola.

Uma das professoras perguntou em que aspecto entraria a avaliação da participação dos pais, já que, segundo ela, era inexpressiva, o que prejudicava o andamento da educação dos filhos. Devido à gestão da escola ser resultado da ação de todos o envolvidos, a gestora sugeriu que entrasse no aspecto administrativo. Todos concordaram.

Os itens definidos para a avaliação foram os seguintes:

• Pais e responsáveis: no que diz respeito à participação na escola.

• Merenda: qualidade do lanche servido e preparado para os alunos.

• Serviços gerais: prevendo a qualidade da limpeza da escola.

• Secretaria: andamento e eficiência nos serviços oferecidos.

• Gestão: atuação do diretor no espaço escolar.

• Regimento interno: no que diz respeito ao cumprimento das normas.

• Plano de ação: qualidade e escolha das prioridades e metas.

• Projeto Político-pedagógico: como estava sendo conduzido o processo de elaboração e aplicação do PPP na escola.

Definindo os itens de avaliação nos aspectos financeiros

Na reunião realizada em 13 de junho do ano de 2006, participaram apenas cinco pais (duas mães desistiram porque ficaram grávidas, outra porque a distância para chegar até a escola dificultava a vinda e uma outra devido ao trabalho que arrumara). Participaram as quatro professoras, as duas dos serviços gerais, a gestora, contando com doze pessoas.

Nesse dia tratou-se da avaliação dos aspectos financeiros, que se mostrou de mais fácil determinação do que a dos dois aspectos anteriores.

Em discussão, tanto os pais como as professoras decidiram abranger a avaliação dos aspectos financeiros somente na Associação de Pais e Mestres.

• APM (Associação de Pais e Mestres): como está sendo conduzido o processo de gestão financeira da escola.

Houve comentários pela diminuição do grupo e uma das mães lamentou que as demais deixassem de participar, pois para ela a participação na comissão estava sendo um grande aprendizado.

Formulação do 1º instrumento de pesquisa

Por meio das reuniões da Comissão foram coletados dados que permitiram a organização do primeiro instrumento de pesquisa (Apêndice 3).

As perguntas eram abertas, de modo que cada família podia opinar a respeito do que quisesse em relação àquele item apontado, ressaltando um aspecto positivo e um aspecto a melhorar na instituição de ensino.

Ainda ressaltou-se uma pergunta que abrangeria qualquer aspecto da instituição e que seria a respeito da "Organização Geral da Escola", podendo ser direcionada ao aspecto pedagógico, financeiro ou administrativo, evidenciado por uma das mães.

Aplicação do primeiro instrumento de pesquisa

No mês de outubro aplicou-se o primeiro instrumento de autoavaliação para toda a comunidade escolar, perfazendo um total de 60 famílias e 9 funcionários. O questionário foi enviado a cada família por meio dos alunos.

A participação na resposta do questionário foi a seguinte:

QUADRO 7 Envolvidos na pesquisa

Funcionários		Famílias	
Número de funcionários	8	Número de famílias	60
Número de funcionários que responderam	8	Número de famílias que responderam	52

Fonte: Quadro elaborado pela autora com base na pesquisa de campo.

Organização e análise dos dados

Neste item são apresentados os dados levantados pela pesquisa de campo, que serviram como referência para a gestão na tomada de decisão e melhoria do espaço escolar. A análise dos dados faz uma intrínseca ligação entre os aspectos que definem este trabalho: a gestão da escola, o Projeto Político-pedagógico e a avaliação institucional, sendo indissociáveis ao processo de transformação do contexto escolar.

No final do mês de outubro (2006), após a aplicação do 1º instrumento de pesquisa, a Comissão de Avaliação reuniu-se para a organização dos dados coletados.

QUADRO 8 Dados a respeito da organização geral da escola

Principal aspecto positivo	O principal aspecto que precisa melhorar
1 Organização geral da escola	
• Tudo está bom. (18)	• Não sei opinar. (11)
• Não sei opinar. (11)	• Não respondeu. (11)
• Não respondeu. (13)	• Nada. (6)
• Horário. (6)	• Higiene dos alunos. (12)
• Organização de eventos e brincadeiras. (2)	• Limpeza do terreno ao lado. (8)
• Organização da frente da escola e suas melhorias (estrutura). (5)	• O transporte escolar. (4)
• Organização em todos os pontos. (2)	• Trocar as carteiras. (2)
• Crescimento da escola. (2)	• Comunidade mais participativa. (4)
• Confiança. (2)	• Colocação das bandeiras (fora). (2)
• Direção. (2)	• Estrutura física da escola. (8)
• Convocação dos pais para participar de tudo. (2)	• Comunicação. (2)

Fonte: Elaborado pela autora com base na pesquisa de campo.

A pergunta sobre a organização geral da escola deixa livre aos pais opinar sobre qualquer aspecto relacionado à escola.

Os aspectos abordados dizem respeito a estrutura física, organização interna (administrativa e pedagógica), gestão.

Percebe-se que os indicativos de organização da escola, na percepção de muitos pais, mostram como foco a estrutura física do espaço escolar, ou seja, aspectos de melhoria, limpeza do terreno ao lado, troca de carteiras, colocação das bandeiras (fora) e demais aspectos estruturais.

Os pais ainda possuem a concepção de que uma escola bem-organizada é aquela com boa aparência. Não há cultura de questionamentos a respeito do Projeto Político-pedagógico, conteúdo, filosofia, metodologia, entre outros. Certamente a falta de conhecimento a respeito desses encaminhamentos podem gerar essa percepção.

A análise dos quadros a seguir reafirma essa ideia.

Quadro 9 Dados a respeito do plano de ação, Projeto Político-pedagógico e regimento

Principal aspecto positivo	Principal aspecto que precisa melhorar
2 Plano de ação: qualidade na escolha e realização das metas	
• Não sei opinar. (24) • Não respondeu. (11) • Está tudo ótimo. (8) • Organização. (2) • Prioridades são elencadas. (1) • Empolgação, faz a família inteira participar. (1) • Qualidade da elaboração. (2) • Propostas com projetos, eventos, brincadeiras. (5) • Conseguir alcançar as metas. (1)	• Não sei opinar. (25) • Não respondeu. (12) • Colaboração e participação de todos para o alcance das metas. (4) • Divulgação. (5) • Processo de construção das metas. (6) • Participação de pessoas de toda a comunidade para construir e alcançar as metas. (2)

Principal aspecto positivo	Principal aspecto que precisa melhorar
3 PPP: elaboração e aplicação	
• Não sei opinar. (24) • Não respondeu. (13) • Tudo ótimo. (7) • É aplicado de forma correta. (5) • Trabalho com projetos. (5) • Metodologia das professoras. (2) • Processo de melhoria da escola (2) • Preservar a construção pelas crianças de seus brinquedos, materiais e atividades. (2) • Envolvimento de todos no desenvolvimento. (2)	• Não sei opinar. (24) • Não respondeu. (12) • Nada. (12) • Pedagogo para uma maior orientação dos encaminhamentos. (5) • Aulas diferentes: dança, teatro. (5) • Projeto Informática na escola. (5) • Organização do projeto por todos. (1) • Avaliação da aprendizagem. (1) • Valorização e conhecimento do PPP. (1)
Principal aspecto positivo	Principal aspecto que precisa melhorar
4 Regimento Interno: cumprimento das normas e atribuição	
• Não sei opinar. (26) • Não respondeu. (20) • Tudo está ótimo. (5) • Cobrança de diretores e professores para cumprimento das normas. (3) • Normas que são colocadas no Regimento. (1) • Recreio (direcionado e previsto). (4) • Trouxe maior segurança para a escola. (1)	• Não sei opinar. (28) • Não respondeu. (21) • Nada. (4) • Não mudar os horários de aula. (4) • Construir com a comunidade. (1) • Divulgar o Regimento.(1)

Fonte: Elaborado pela autora com base na pesquisa de campo.

O índice alto de pais que não souberam opinar e não responderam as perguntas a respeito do plano de metas, Regimento Interno e Projeto Político-pedagógico indica a falta de conhecimento a respeito desses documentos escolares. Esse indicativo reforça que, por mais que o plano de metas seja divulgado nas reuniões bimestrais e no jornalzinho bimestral da escola, a comunidade ainda não se vê inserida nesse processo.

O plano de metas é construído pela direção da escola, definido pelas diretrizes do Plano da Secretaria Municipal de Educação, do projeto pedagógico e do Regimento Interno, documentos que vieram prontos da Semed, sendo apenas apresentado para a comunidade escolar.

Esses aspectos reforçam a concepção de que, quando os sujeitos escolares não participam dos processos de elaboração e efetivação dos encaminhamentos da escola, não se assume uma responsabilidade coletiva sobre as ações escolares.

Esses indicativos representam que para a melhoria do espaço escolar é preciso reforçar cada vez mais as instâncias de participação dentro da escola. Quanto mais os pais participam na tomada de decisão, mais eles assumem responsabilidades. São ações que interdependem umas das outras.

QUADRO 10 **Dados a respeito da gestão**

Principal aspecto positivo	O principal aspecto que precisa melhorar
5 Gestão: qualidade da atuação do diretor	
• Tudo ótimo. (16) • Aplicada e dedicada. (2) • Condução da escola por meio de projetos. (5) • Tudo que pode trazer para a escola está trazendo. (12) • Esforço. (12) • Inovadora. (5) • Adorável. (2) • Atuação. (4) • Bondade. (2) • Inteligente. (1) • Organizada. (1) • Educada. (1) • Corajosa. (1) • Compreensiva. (1) • Está sempre presente na escola. (1) • Caprichosa. (1) • Amiga dos alunos e pais. (1)	• Não respondeu. (18) • Nada. (12) • Maior atenção ao corpo docente. (6) • Mais tempo no horário dos ônibus para conversar com os pais. (5) • Capacitação mais atual. (1) • Criar conselho escolar. (1) • Aumento da equipe para o auxílio. (13) • Comunicação entre todos. (3) • Divulgação das ações em tempo hábil. (2)

Fonte: Elaborado pela autora com base na pesquisa de campo.

Esse aspecto indicou que a gestão da escola, na percepção da comunidade escolar, ainda está centrada na figura do diretor. A condução do próprio projeto pode indicar que o diretor é ainda o que determina o encaminhamento das ações, especialmente quando conduz, nos grupos de trabalho, as estratégias do processo de avaliação.

Os aspectos positivos em relação à gestão se fixaram mais no âmbito pessoal do que no profissional, indicaram situações a respeito de atendimento aos pais e professores, não necessariamente na condução dos encaminhamentos escolares. Muitos pais indicaram não haver nada a melhorar

QUADRO 11 **Dados a respeito dos professores**

Principal aspecto positivo	O principal aspectos que precisa melhorar
6 Professores: em relação à qualidade de ensino	
• Não sei opinar. (8) • Não respondeu. (14) • Ótimos. (14) • Competentes. (10) • Excelentes. (2) • Eficientes. (4) • Autossuficientes. (1) • Maneira como conquistam os alunos para que aprendam melhor. (2) • Trabalho com projetos. (2) • Comunicação com os alunos. (3) • Empenho. (10)	• Não sei opinar. (8) • Não respondeu. (18) • Nada. (3) • Paciência com seus alunos. (5) • Maior número de professores. (3) • Correção de lições de casa. (5) • Atualização (formação continuada). (5) • Melhorar o ensino de Inglês. (4) • Mais atenção aos alunos com dificuldade. (2) • Planejamento das aulas. (1) • Diálogo entre pais e professores. (1)

Fonte: Elaborado pela autora com base na pesquisa de campo.

Nesse aspecto a comunidade escolar intensificou a atuação do professor nas ações voltadas para os alunos.

Alguns pais deram indícios de melhoria da metodologia e do Projeto Político-pedagógico da escola, como prática dos professores.

QUADRO 12 Dados a respeito da secretaria da escola

Principal aspecto positivo	O principal aspecto que precisa melhorar
7 Secretaria: qualidade dos serviços realizados	
• Não sei opinar. (21) • Não respondeu. (2) • Tudo está bom. (15) • Sempre disposta a ajudar e fazer tudo ( ) • Organização. (2) • Busca sempre melhorar sua atuação. (4) • Atendimento aos pais e comunidade. (8) • Eficiente. (3)	• Não sei opinar. (21) • Não respondeu. (8) • Nada. (14) • Mais participação nas atividades propostas. (4) • Não sobrecarregar uma só pessoa. (5) • Entrega de bilhetes. (3) • Comunicação e relacionamento. (1) • Organização da secretaria. (1)

Fonte: Elaborado pela autora com base na pesquisa de campo.

Um grande número de pais não respondeu, indicando uma baixa participação na escola.

Aspectos de melhoria foram pouco elencados, sendo respondidos os correspondentes à necessidade real da escola, que é o acúmulo de função e a falta de um servidor concursado administrativo que desenvolva essa função.

QUADRO 13 Dados a respeito dos serviços gerais

Principal aspecto positivo	O principal aspecto que precisa melhorar
8 Serviços gerais: qualidade da limpeza da escola	
• Não respondeu. (8) • Não sei opinar. (9) • Tudo está bom. (13) • Escola está sempre limpa e com boa aparência. (16) • Qualidade da limpeza é excelente. (5) • Cuidado com o lixo. (2) • Atuação das zeladoras. (8) • Limpeza das salas. (2) • Limpeza dos banheiros. (3) • Zeladoras caprichosas. (7) • Limpeza da cozinha. (4)	• Não respondeu. (20) • Nada. (23) • Limpeza em frente à escola. (3) • Detetizar e sempre cortar a grama. (3) • Materiais utilizados para a limpeza. (3) • Coleta e reciclagem do lixo. (4) • Relacionamento interno. (1) • Colaboração de todos para a limpeza e organização da escola. (1) • Uma funcionária para limpeza e outra para merenda. (1)

Fonte: Elaborado pela autora com base na pesquisa de campo.

Em relação aos serviços gerais, os aspectos evidenciados foram relacionados à estrutura física da escola, tanto nos aspectos positivos como nos aspectos a melhorar.

Não houve indicações a respeito da competência de quem trabalha com esse setor, indicando que o aspecto pessoal durante a avaliação novamente se efetivou.

QUADRO 14 **Dados a respeito da merenda**

Principal aspecto positivo	O principal aspecto que precisa melhorar
9 Merenda: qualidade no preparo da alimentação	
• Não sei opinar. (11) • Não respondeu. (13) • Tudo está bom. (11) • Do jeito que fizer está bom. (6) • Merenda é sempre variada. (4) • Qualidade da merenda. (8) • Higiene com que é preparada. (2) • Nunca ter faltado. (1) • Organização na hora de servir. (2) • Aceitação das crianças, que é positiva. (2) • Saudável. (5)	• Não sei opinar. (22) • Não respondeu. (15) • Nada. (13) • Organização do cardápio. (4) • Uma merenda com lanches mais reforçados. (2) • Servir uma maior quantidade de merenda. (2) • Servir menos comidas doces. (1) • Variedade do cardápio. (1) • Pessoas estranhas na cozinha. (1) • Recursos para a cozinha. (2)

Fonte: Elaborado pela autora com base na pesquisa de campo.

Os aspectos evidenciados nessa questão dizem respeito ao cardápio servido na escola.

Os questionamentos se mantiveram sobre a alimentação que é enviada pala Secretaria de Educação. Indicativos sobre a atuação do funcionário não foram tão relevantes.

Quadro 15 Dados a respeito dos pais e APM

Principal aspecto positivo	O principal aspecto que precisa melhorar
10 Pais e responsáveis: em relação à participação na escola	
• Não sei opinar. (19) • Não respondeu. (5) • Tudo está bom. (6) • Participação dentro do possível de cada pai. (12) • Reuniões onde os pais participam. (2) • Pais que participam, participam muito bem. (1) • Sempre somos convocados a participar de tudo. (3) • Quando podemos ajudar a escola em trabalhos diversos. (2) • Destaque para a importância da participação. (2)	• Não sei opinar. (19) • Não respondeu. (11) • Nada. (3) • Participação de todos os pais. (14) • Preocupação maior dos pais com seus filhos. (2) • Maior frequência dos pais na escola. (5) • Atividades para chamar os pais à escola. (5) • Conhecimento sobre os projetos da escola. (1) • Reuniões (datas e horários). (2)
11 APM: qualidade da participação na gestão financeira da escola	
• Está tudo bom. (3) • Não sei opinar. (26) • Não respondeu. (5) • Está funcionando regularmente. (3) • Constante informação sobre os gastos da escola. (13) • Organização dos eventos. (2) • Ser composta por pessoas de confiança. (2) • Reuniões propostas por meio da direção. (1) • Poder participar. (3)	• Não respondeu. (12) • Não sei opinar. (26) • Um maior envolvimento dos pais nas atividades da escola. (16) • Medo do compromisso. (2) • Continuar sempre prestando contas, como já acontece. (1) • Frequência de todos os pais nas reuniões. (6) • Renda atribuída. (3) • Datas das reuniões. (1)

Fonte: Elaborado pela autora com base na pesquisa de campo.

Nos dois itens anteriores o aspecto mais evidenciado trouxe a necessidade e a maior dificuldade que a escola enfrenta: mobilizar os pais para participarem das atividades desenvolvidas pela instituição de ensino.

Os próprios pais têm percepção dessa defasagem e indicam a necessidade de a escola buscar meios para mobilizar a participação.

Percebe-se, da parte da comunidade, uma grande confiança naqueles pais que participam da escola, como em relação aos membros da diretoria da APM. É a delegação de responsabilidades, que poderiam ser coletivas, a alguns apenas.

QUADRO 16 Dados a respeito dos alunos

Principal aspecto positivo	O principal aspecto que precisa melhorar
12 Alunos: em relação à qualidade da aprendizagem	
• Não respondeu. (3) • Não sei opinar. (18) • Tudo está bom. (15) • Alunos estão bem desenvolvidos na área da aprendizagem. (3) • Motivação para aprender. (4) • Aprendem a fazer coisas diferentes. (5)	• Não respondeu. (15) • Não sei opinar. (18) • Incentivá-los mais à prática de leituras. (4) • Incentivo ao esporte. (5) • Recuperação paralela. (3) • Avaliação do Cemae. (1) • Trabalho com a higiene. (3) • Caligrafia. (1) • Aulas de informática. (7) • Ajuda maior dos pais para a criança, limites na escola e em casa. (6) • Classe especial. (3)

Fonte: Elaborado pela autora com base na pesquisa de campo.

Os aspectos indicados para a melhoria dos alunos diz respeito mais a questões de melhoria do Projeto Político-pedagógico, tendo como foco trabalhos e metodologias diferenciados.

No final do levantamento dos dados chegou-se às seguintes conclusões:

• Houve famílias que registraram mais de um aspecto aos itens indicados.

• Como já discutido anteriormente, é alto o número de pais que não souberam opinar a respeito do Projeto Político-pedagógico, Regimento Interno, plano de metas, indicando a necessidade de que esses documentos precisam ser construídos a partir da participação coletiva, gerando a responsabilidade também coletiva.

• Cada família interpreta a realidade escolar conforme a sua experiência, pois muitos itens são indicados como pontos positivos e pontos negativos ao mesmo tempo, revelando a subjetividade das relações.

• Sobre a organização da escola foi aferida especialmente a estrutura física.

• Houve coerência nas respostas acerca da participação dos pais na escola e na APM, tendo relevância o fato da indicação de que os pais precisam participar mais.

• Percebe-se que, no que diz respeito à competência dos profissionais da educação (professores, diretor, serviços gerais, secretaria), muitos ainda não se sentem tranquilos em indicar aspectos a serem melhorados, ficando esses quase que apenas em contextos operacionais e físicos. Já nos aspectos positivos, a figura pessoal se destaca.

• A gestão da escola ainda é percebida pela figura do diretor.

Elaboração do 2º instrumento de autoavaliação

A partir do 1º instrumento de pesquisa organizou-se o segundo questionário (conforme Apêndice 3), pelo qual se objetiva elencar as prioridades na tomada de decisão.

Para a elaboração do segundo instrumento organizou-se uma síntese dos aspectos elencados no primeiro instrumento de pesquisa, para que os participantes assinalassem o item que merecia maior atenção em termos de aspectos positivos e de aspectos a melhorar.

Todos os profissionais da escola (oito) e quarenta e oito famílias responderam ao 2º instrumento, perfazendo um total de cinquenta e seis participantes nessa fase. Houve algumas famílias que indicaram mais de um item nos aspectos a melhorar.

Quadro 17 Organização da escola

Organização geral da escola	
Aspectos positivos	Aspectos a melhorar
• Organização de eventos. (20) • Organização da estrutura física. (10) • Convocação dos pais para participar de tudo. (15) • Trabalho com projetos. (6) • Interação entre pais, alunos e profissionais da escola. (5)	• Formação continuada dos professores. (3) • Limpeza do terreno ao lado. (22) • Transporte escolar. (4) • Entrosamento do corpo docente e funcionários. (5) • Comunicação entre pais e escola. (2) • Estrutura física (ginásio, muro). (20)

Fonte: Elaborado pela autora com base na pesquisa de campo.

Como aspecto positivo, ressalta-se a organização dos eventos e atividades na escola. No ano letivo de 2006, a escola proporcionou vários espaços de socialização e interação aos alunos e à comunidade, como gincanas, noite de autógrafos, acampamentos, formaturas etc. Houve grande dedicação da parte dos profissionais da escola para a realização dos eventos, o que trouxe à comunidade rural (que muitas vezes não tem acesso à cultura e ao lazer) momentos de integração com a escola.

A partir desse instrumento, percebe-se a grande ênfase dada pela comunidade escolar aos aspectos relacionados à estrutura física da escola, como construção, limpeza e aparência da instituição de ensino.

Esse fato pode refletir a não compreensão ou o não conhecimento dos aspectos implicados na concretização de uma educação de qualidade. Muitos pais não possuem, como a pesquisa já indica, conhecimento sobre o Regimento Interno, Projeto Político-pedagógico, currículo, plano de metas, entre outros que direcionam os aspectos educacionais das escolas, indicando, assim, que uma boa escola é aquela que se apresenta fisicamente completa e aparentemente bem conservada (muro, ginásio, entre outros).

QUADRO 18 Plano de ação da escola

Plano de ação: qualidade na escolha e realização das metas	
Aspectos positivos	**Aspectos a melhorar**
• Diagnóstico sobre as prioridades para a elaboração das metas. (11) • Envolvimento da família no alcance das metas. (7) • Realização das metas. (5) • Acompanhamento de todos a respeito do alcance das metas (divulgação). (15)	• Processo de construção, sendo com a participação de todos. (25) • Colaboração dos pais para o alcance das metas propostas. (6) • Divulgação das metas para a comunidade. (14)

Fonte: Elaborado pela autora com base na pesquisa de campo.

Nesse item, dezoito famílias deixaram de opinar sobre os aspectos positivos e onze a respeito dos aspectos a serem melhorados em relação à elaboração dos planos de ação, indicando que não sabem do que se trata.

Como aspecto positivo se destaca o acompanhamento de todos sobre o alcance das metas, visto que a escola propicia momentos de reflexão a respeito do alcance das metas, não apenas para as crianças, mas também, buscando a interação com os pais, sendo que os resultados são sempre divulgados.

Como melhoria, o aspecto que se destacou foi a construção do plano de metas com a participação de todos. O plano de metas da escola é organizado pela direção da escola, tendo como diretrizes as metas organizadas pela Semed, sem a participação da comunidade escolar.

Assim, apenas a divulgação das metas não indica que a comunidade compreenda sua importância e se engaje no alcance delas, tornando-se o plano de ação um simples documento burocrático, de aspecto formal, sem eficácia dentro do espaço escolar.

QUADRO 19 Projeto Político-pedagógico e regimento interno

Projeto Político-pedagógico: elaboração e aplicação	
Aspectos positivos	**Aspectos a melhorar**
• Os temas de ensino. (4) • O trabalho por meio dos projetos. (22) • O envolvimento de todos na construção e aplicação. (10) • As atividades extraclasse. (9)	• Recurso humano (pedagogo) para uma melhor orientação do PPP. (5) • A organização do PPP com a participação de todos. (23) • Inclusão de aulas diferentes como dança, teatro etc. (3) • Inserir aulas de informática. (21) • Valorização do PPP da escola. (10) • A avaliação da aprendizagem do aluno. (2)
Regimento Interno: cumprimento de normas e atribuições	
Aspectos positivos	**Aspectos a melhorar**
• As normas que são aplicadas. (12) • O cumprimento trouxe uma maior segurança para a escola. (15) • O horário da escola. (17)	• Ser construída com a participação da comunidade. (10) • Não mudar os horários (manhã e tarde). (22) • Divulgação entre os pais e funcionários sobre o regimento da escola. (20)

Fonte: Elaborado pela autora com base na pesquisa de campo.

Nos aspectos positivos, em relação ao Projeto Político-pedagógico da escola, a pesquisa indica que o trabalho por meio dos projetos propicia maiores momentos de interação com a comunidade e diversificação das atividades escolares.

Quanto ao Regimento Interno, a comunidade escolar indicou como aspecto positivo o horário da escola, que viabiliza aos alunos não chegarem muito tarde em casa, visto que muitos moram longe.

Como aspecto a melhorar, a autoavaliação trouxe reflexões a respeito da construção do Projeto Político-pedagógico que, assim como o plano de metas e o próprio Regimento Interno, não são elaborados com a participação de toda a comunidade escolar.

A não participação durante o processo de elaboração dos documentos em questão faz com que poucos, de fato, conheçam essas estratégias de gestão, tornando-se novamente meros documentos burocrá-ticos, que cumprem apenas a exigência da legislação, mas que, na prá-tica, não se efetivam na escola como instrumentos de direcionamento das ações escolares.

No que diz respeito à divulgação do Regimento Interno, torna-se mais efetivo que a sua elaboração aconteça com a participação da co-munidade escolar, pois assim todos estariam inteirados em relação às normas e diretrizes da escola.

A indicação da necessidade das aulas de informática reflete a co-munidade rural, onde poucas famílias têm acesso a tecnologia.

Quadro 20 Gestão: qualidade da atuação do diretor

Gestão: qualidade da atuação do diretor	
Aspectos positivos	Aspectos a melhorar
• O encaminhamento por meio dos projetos. (5) • Inovação, competência e eficiência. (16) • O atendimento aos pais e funcionários. (20) • Gestão democrática, em que todos participam. (28)	• Aumento da equipe gestora. (51) • Divulgação das ações em tempo hábil. (6)

Fonte: Elaborado pela autora com base na pesquisa de campo.

Como aspecto positivo foi indicada a participação de todos nos encaminhamentos escolares, o atendimento, o diálogo; instâncias que sempre são ressaltadas nos espaços escolares.

Como aspectos a melhorar percebe-se a necessidade do aumento da equipe gestora, visto que os outros itens não foram tão relevantes segundo o posicionamento da comunidade escolar.

Devido a muitas reuniões de que a diretora deve participar e saídas da escola, muitas vezes ela fica desprovida de recursos humanos como secretária, pedagogo, direção auxiliar.

Mesmo com o pedido do aumento da equipe gestora, o conselho escolar não foi votado como aspecto principal a se implantar na escola, reforçando uma gestão ainda centrada na figura do diretor, segundo a compreensão da comunidade escolar.

Quadro 21 Professores: em relação à qualidade de ensino

Professores: em relação à qualidade de ensino	
Pontos positivos	Pontos a melhorar
• Competência, eficiência, empenho e inovação. (19) • Trabalham com projetos. (2) • A comunicação com os alunos. (15) • Dedicação com que realizam todos os trabalhos sugeridos. (16) • Troca e pesquisa entre os profissionais da escola. (6)	• Paciência com os alunos. (5) • Maior número de professores. (5) • Correção da lição de casa. (8) • A formação continuada. (3) • Melhorar o ensino de Inglês. (10) • Atenção mais individualizada a alunos com mais dificuldade. (15) • Organização em relação aos planos de aula. (2) • Diálogo entre pais e professores. (12)

Fonte: Elaborado pela autora com base na pesquisa de campo.

O aspecto positivo relaciona-se em especial ao trabalho efetivo do professor com os alunos. A eficiência dos docentes é perceptível na visão dos pais. Intensifica-se a dedicação dos professores, situação essa que se destaca em especial porque possuem um diálogo constante com os pais, os quais estão sempre sendo convocados à escola.

Ao mesmo tempo, como aspecto a melhorar, destaca-se uma atenção mais individualizada às crianças da escola.

Essa característica, em que a atenção está centrada na figura dos filhos, é própria dos pais, visto que a percepção do coletivo da sala de aula ainda é algo a se amadurecer na comunidade, para que tenham uma percepção do coletivo escolar e da socialização.

É ao mesmo tempo requisito para um trabalho com os professores, no que diz respeito a turmas heterogêneas. Muitos professores ainda desenvolvem um trabalho que busca nivelar todos os alunos, buscando que todos rendam e acompanhem as aulas da mesma maneira. Torna-se necessária a diferenciação dos métodos de aprendizagem para atender cada criança na sua respectiva dificuldade e maneira de aprender.

Quadro 22 Secretaria: qualidade dos serviços realizados

Secretaria: qualidade dos serviços realizados	
Pontos positivos	**Pontos a melhorar**
• Organização em atender todos e realizar tudo o que é pedido. (39) • Aberta ao diálogo para a melhoria profissional. ( ) • O atendimento aos pais. (7) • Eficiência e responsabilidade. (12)	• Aumento do quadro de funcionários. (25) • Entrega de documentação em tempo hábil. (3) • Entrega de bilhetes e recados aos pais. (6) • Comunicação e relacionamento com todos da escola e comunidade. ( ) • Organização da secretaria da escola. (8)

Fonte: Elaborado pela autora com base na pesquisa de campo.

Como aspecto positivo destacou-se, na secretaria da escola, a organização para atender a todos – comunidade externa e interna – e realizar todas as tarefas que lhe são solicitadas.

Quatorze entrevistados deixaram de responder ao item que indicava a melhoria dos aspectos em relação à secretaria da escola, dando a impressão de que alguns pais não participam do dia a dia da instituição, pois, não sabendo opinar, poucas vezes precisaram da secretaria escolar.

No entanto, a necessidade de aumento do quadro de funcionários é relevante, pois muitas vezes os pais comparecem à escola para resolver situações específicas com o diretor ou o secretário e eles não se encontram na instituição, devido a cursos ou reuniões, muitas vezes fazendo com que os pais se desloquem de lugares distantes e não resolvam seus problemas.

QUADRO 23 Serviços gerais e merenda escolar

Serviços gerais: qualidade de limpeza da escola	
Pontos positivos	**Pontos a melhorar**
• Limpeza da escola. (31) • A atuação e prestatividade das zeladoras. (15) • Participação eficiente em todos os projetos desenvolvidos pela escola. (12)	• Limpeza em frente à escola. (11) • Os materiais utilizados para a limpeza. ( ) • Coleta e reciclagem do lixo. (7) • Relacionamento interno. (2) • Colaboração de todos da escola e comunidade com a organização da escola. (19) • Divisão: uma funcionária para limpeza e outra para merenda. (20)
Merenda: qualidade no preparo da alimentação	
Pontos positivos	**Pontos a melhorar**
• Cardápio de qualidade e variado. (20) • A higiene da preparação. (8) • Nunca houve falta. (20)	• Organização de um cardápio e entrega para os alunos. (10) • Maior quantidade de lanche a ser servido. (12) • Não ter tanta comida doce. ( ) • Evitar presença de pessoas estranhas na cozinha. (7) • Aquisição de recursos necessários para a cozinha (forno, talheres novos, geladeira etc. (7) • Entrega dos lanches na data certa. (5)

Fonte: Elaborado pela autora com base na pesquisa de campo.

Esses aspectos foram relacionados visto que são funções exercidas pelas mesmas pessoas dentro do espaço escolar.

Como indicadores positivos destaca-se a qualidade tanto da limpeza da escola como do cardápio servido.

Na escola as duas zeladoras trabalham juntas e até o momento atendem as especificidades das duas áreas (limpeza e comida) de forma coerente e com qualidade, mesmo não sendo o adequado, mas o possível.

Em relação aos aspectos que dizem respeito à qualidade da limpeza, a comunidade escolar indicou a necessidade da divisão do trabalho entre limpeza e merenda.

Em relação à merenda, a melhoria dos utensílios de cozinha é perceptível a todos, aquisição de forno, mesa, entre outros equipamentos.

QUADRO 24 Pais e Associação de Pais e Mestres (APM)

Pais e responsáveis: em relação à participação na escola	
Pontos positivos	Pontos a melhorar
• Os pais sempre são convocados a participar de tudo. (12) • Aqueles pais que participam o fazem com eficiência. (3) • A conscientização sobre a importância da participação. (5)	• Uma maior colaboração e frequência dos pais na escola. (44) • Grupos de discussão com os pais na escola. (6) • Horário e datas das reuniões pedagógicas, administrativas e financeiras. (1) • Estratégias diferentes para trazer os pais até a escola. (9)
APM: qualidade da participação na gestão financeira da escola	
Pontos positivos	Pontos a melhorar
• Informação constante sobre os gastos da escola. (18) • A organização das prestações de contas. (16) • Pessoas que compõem a APM são de confiança. (5) • Todos podem participar e opinar. (3) • Reuniões promovidas. (5)	• Maior envolvimento dos pais e funcionários. (39) • A distribuição de renda da escola. (5) • Os eventos para arrecadação de dinheiro. (12) • Calendário para a reunião da APM. (3)

Fonte: Elaborado pela autora com base na pesquisa de campo.

No que se refere aos pontos positivos sobre a participação dos pais, trinta e seis entrevistados não responderam, e, em relação à APM, nove não responderam.

Os pontos positivos indicam a participação efetiva daqueles que participam, mesmo que sejam poucos. A informação e a organização sobre a prestação de contas da escola também aparece como destaque, visto que os mesmos sempre são repassados nas reuniões e divulgados no jornal da escola.

Os índices a melhorar, nos dois aspectos indicados, dizem respeito à participação dos pais, ressaltando a dificuldade de se envolverem nas ações e nos contextos escolares.

Nessa perspectiva reflete-se a não construção do Projeto Político-pedagógico, Regimento Interno e plano de metas da escola com o envolvimento da comunidade, ou seja, esses aspectos de melhoria indicam que as instâncias de participação escolar ainda não se efetivaram no interior dessa instituição.

No entanto, a própria comunidade escolar percebe a importância dessa participação para a melhoria do espaço educacional, indicando um maior envolvimento de todos no contexto escolar.

QUADRO 25 Alunos: em relação à qualidade da aprendizagem

Alunos: em relação à qualidade da aprendizagem	
Pontos positivos	**Pontos a melhorar**
• A atenção dos professores. (10) • O desenvolvimento dos alunos. (3) • A motivação em aprender e vir até a escola. (7) • O aprendizado de coisas diferentes, que os tornaram críticos. (5) • A união alunos-pais e professores faz com que os alunos rendam mais. (18) • Encaminhamento de alunos com dificuldade ao Cemae. (5) • Pré-conselho de classe. (3) • Recuperação paralela. (5)	• Um incentivo maior à prática de esportes. (13) • Desenvolver projetos de leitura e higiene. (13) • Um trabalho mais acentuado com a caligrafia. (4) • Projetos específicos para as aulas de recuperação paralela. (3) • Aceleração da avaliação dos alunos com dificuldade de aprendizagem. (5) • Abertura da classe especial. (15) • Acompanhamento dos pais. (16)

Fonte: Elaborado pela autora com base na pesquisa de campo.

Nos pontos positivos, o item mais valorizado foi o trabalho dos professores, voltado para a atenção que dedicam aos alunos.

Quanto aos aspectos que necessitam de melhoria, novamente, como maior indicativo, aparece a participação dos pais na vida escolar dos filhos, reforçando que a comunidade escolar percebe essa necessidade.

Outra questão é levar em conta que o engajamento da comunidade na escola é um processo em construção, e é preciso que a instituição propicie iniciativas de envolvimento dos pais no espaço escolar.

Após a coleta de dados a respeito do segundo instrumento de pesquisa, a Comissão de Avaliação decidiu que seriam priorizados para a tomada de decisão os dois aspectos mais evidenciados em cada item, como se percebe na tabela a respeito da tomada de decisão.

Tomada de decisão (comissão de avaliação)

Na primeira semana de fevereiro de 2006 reuniu-se novamente a Comissão de Avaliação para a tomada de decisão sobre dois dos aspectos mais acentuados pela comunidade escolar durante a autoavaliação institucional.

Foram discutidos os aspectos positivos da escola, definindo-se que deveriam ser divulgados e incentivados como reconhecimento pelos trabalhos da comunidade escolar. Participaram dessa tomada de decisão sete pais, cinco professores e dois serviços gerais (as estagiárias não trabalham mais na escola).

Assim, a partir das perspectivas indicadas pelos instrumentos de autoavaliação, foram definidas as instâncias que precisam ser melhoradas no espaço escolar, ou seja, as estratégias elencadas e as ações necessárias para os encaminhamentos escolares e melhoria da instituição de ensino.

Foi definido que os dados da avaliação também deveriam ser indicados no jornal da escola, que tem distribuição bimestral, e expostos no mural da escola, para que seja de uso e conhecimento de toda a comunidade escolar.

Decidiu-se que essa tomada de decisão deveria ser referendada pela assembleia, com a participação de mais pais e da comunidade em geral, e que esse dia deveria ser agendado em calendário, visto que a comissão foi criada em assembleia no primeiro mês letivo de 2006.

A comissão também sugeriu que se realizasse uma avaliação do processo de autoavaliação para que, no ano letivo de 2007, fosse realizada com maior qualidade e participação.

Quadro 26 Tomada de decisão da Comissão de Avaliação Institucional

Dimensão	Ação	Estratégia
Organ. geral da escola	Limpeza do terreno ao lado	• Entrar em contato com a prefeitura para a limpeza do terreno e identificação de quem é o dono. • Caso não resolva, mobilizar a comunidade para realizar esse trabalho.
	Estrutura física	• Solicitar à Semed, via ofício e reunião com os pais, a construção de um ginásio coberto e muro da escola.
Plano de ação	O processo de construção	• Organizar grupos e reuniões de que os pais participem para definir o plano.
	Divulgação das metas	• Continuar expondo as metas no jornalzinho. • Mural da escola. • Agenda dos alunos.
PPP	A organização do PPP com a participação de todos	• Organizar um manifesto e entregar à Semed. • Organizar grupos e reuniões de que os pais participem.
	Inserir aulas de informática	• Buscar parcerias para a aquisição de máquinas. • Solicitar à Semed funcionários disponíveis.
Regimento Interno	Não mudar horários	• Entregar aos pais um calendário anual, já previstas as mudanças de horário.
	Divulgação aos pais	• Organizar grupos e reuniões de que os pais participem.
Gestão	Aumento da equipe gestora	• Mobilizar a comunidade (APM, AM e demais representatividades) a fim de exigir da Semed maior número de funcionários.
Professores	Atenção mais individualizada	• Propor projetos de recuperação paralela.
	Diálogo pais e professores	• Propor reunião (pré-conselho) em conjunto com os pais.
Secretaria	Aumento do quadro de funcionários	• Mobilizar a comunidade (APM, AM e demais representatividades) a fim de exigir da Semed maior número de funcionários.
Serviços gerais	Colaboração de todos na limpeza	• Colocar cartazes de conscientização na escola.
	Divisão das funções	• Em discussão, os serviços gerais decidiram que do jeito que está o trabalho rende mais, uma ajudando a outra.

Merenda	Recursos necessários para a cozinha	• Requerer junto à Semed os utensílios necessários. • Pedir doações. • Priorizar o plano de metas.
	Maior quantidade de lanche	• Agendar uma palestra com a nutricionista da Semed para os pais.
Pais	Maior colaboração dos pais na escola	• Reuniões, palestras, grupos de discussão sobre os trabalhos da escola, oficinas, em dia de reuniões fazer sorteio de brindes.
	Conhecimento dos projetos desenvolvidos pela escola	
Alunos	Frequência dos pais na escola	• Pré-conselho. • Dia do pai na escola (atividades com seus filhos). • Palestras. • Grupos de estudo e discussão.
	Abertura de classe especial	• Requerer junto à Semed.
APM	Participação	• Dia do Pai na escola (atividades com seus filhos). • Palestras. • Grupos de estudo e discussão.
	Eventos para a arrecadação de recursos	• Organizar um cronograma anual de eventos e arrecadação de recursos (rifas de Páscoa e dia das crianças, bingo junino e feira do treco e de Páscoa).

Fonte: Elaborado pela autora com base na pesquisa de campo.

Assembleia geral

Devido ao encerramento do ano letivo de 2006, decidiu-se que a assembleia geral para a tomada de decisão seria realizada no início do ano letivo de 2007.

No dia da assembleia estavam presentes a representatividade de trinta e três pais, quatro professoras e as funcionárias dos serviços gerais.

Retomou-se junto aos pais o processo de avaliação do qual eles participaram no ano anterior e explicou-se resumidamente as etapas àqueles responsáveis que não participaram do processo no ano anterior (alunos com matrículas novas na escola).

Comentou-se quais os aspectos positivos que apareceram em cada item nos questionários e explicaram que, em relação aos aspectos que deveriam melhorar, era necessário decidir se os dois itens mais votados como prioridade seriam mantidos, como feito pela comissão, ou se seriam mudados esses critérios.

A assembleia decidiu que, naquele momento, o mais adequado seria priorizar não os aspectos mais votados no ano anterior, mas sim o aspecto que mais prejudicava o andamento da escola naquele momento.

Assim, em cada item foram lidos todos os aspectos indicados, e a assembleia optou por apenas uma, sendo a prioridade do momento em que a escola estava inserida diferente da reunião com a comissão apenas, que optou por dois critérios.

A assembleia demonstrou estar bem participativa e entusiasmada com a tomada de decisão, caracterizando-se como um rico e produtivo momento do processo de autoavaliação institucional.

Muitos pais se colocaram à disposição para buscar melhorias e se pronunciaram convidando outros para que participem cada vez mais das atividades e dos espaços da escola.

Indicativos para a mudança de prioridades da escola do final do ano letivo de 2006 para o início do ano letivo de 2007, referendado pela assembleia:

QUADRO 27 Tomada de decisão da assembleia

Dimensão	Ação	Estratégia	Posicionamento
Organização geral da escola	O transporte escolar (muito lotado, pois transporta crianças do contraturno da Promoção Social)	• Agendar uma reunião para a discussão do problema com o prefeito, secretário da Educação e secretária da Promoção Social. • Exigir a colocação de mais uma linha de ônibus para o transporte das crianças.	Não manteve
Plano de ação	O processo de construção	• Organizar grupos e uma reunião de que os pais participem para definir o plano, com base nas necessidades da escola, deixando a data já agendada.	Manteve

PPP	A organização do PPP com a participação de todos	• Organizar um manifesto e entregar à Semed cobrando que a comunidade gostaria de construir seu próprio Projeto pedagógico, com diretrizes vindas da Semed. • Organizar grupos e reuniões para que os pais participem desta construção.	Manteve
Regimento Interno	A organização do Regimento com a participação de todos	• Organizar um manifesto e entregar à Semed cobrando que a comunidade gostaria de construir seu próprio Projeto pedagógico, com diretrizes vindas da Semed. • Organizar grupos e reuniões em que os pais participem dessa construção.	Não manteve
Gestão	Aumento da equipe gestora	• Mobilizar a comunidade (APM, AM e demais representatividades) a fim de exigir da Semed maior número de funcionários, por meio do manifesto, reunião com prefeito e secretário da Educação, e efetivação do plano de metas aprovado pela Semed para a eleição de diretores.	Manteve
Professores	Aumento da equipe gestora	• Mobilizar a comunidade (APM, AM e demais representatividades) a fim de exigir da Semed maior número de funcionários, por meio do manifesto, reunião com prefeito e secretário da Educação, e efetivação do plano de metas aprovado pela comissão.	Não manteve

Dimensão	Ação	Estratégia	Posicionamento
Secretaria	Aumento do quadro de funcionários	• Mobilizar a comunidade (APM, AM e demais representatividades) a fim de exigir da Semed maior número de funcionários, por meio do manifesto, reunião com prefeito e secretário da Educação, e efetivação do plano de metas aprovado pela comissão.	Manteve
Serviços gerais	Coleta de lixo	• Requerer junto à Secretaria do Meio Ambiente para que uma vez ao mês o caminhão da troca do lixo por muda de flores venha à comunidade para efetivar esse trabalho não apenas na escola, mas em toda a comunidade.	Não manteve
Merenda	Organização de um cardápio para os alunos do lanche que será servido no dia	• Fazer um manifesto junto à Secretaria de Educação para que o cronograma entregue nas escolas seja seguido de acordo, podendo assim a escola conseguir seguir o seu calendário interno. • Sabendo do lanche servido, caso a criança não goste, os pais poderão mandar pão para os filhos lancharem.	Não manteve
Alunos	Abertura de classe especial	• Requerer junto à Semed.	Manteve
APM e Pais	Participação	• Dia do pai na escola (atividades com seus filhos) • Palestras, oficinas, grupos de estudo e discussão.	Manteve

Fonte: Quadro elaborado pela autora com base na pesquisa de campo.

QUADRO 28 Organização geral da escola (Comparação/tomada de decisão: comissão e assembleia)

Organização geral da escola	O transporte escolar (muito lotado, pois transporta crianças do contraturno da Promoção Social)	• Agendar uma reunião para a discussão do problema com o prefeito, secretário da Educação e secretária da Promoção Social. • Exigir a colocação de mais uma linha de ônibus para o transporte das crianças.	Não manteve

Fonte: Quadro elaborado pela autora com base na pesquisa de campo.

A necessidade de priorizar esse aspecto nesse item surgiu devido ao aumento do número de matrículas tanto na escola quanto no Centro de Promoção Social. O questionamento dos pais é que o transporte escolar deveria levar apenas os alunos da escola e não os alunos da promoção social, que acaba superlotando a condução.

QUADRO 29 Regimento Interno (Comparação/tomada de decisão: comissão e assembleia)

Regimento Interno	A organização do Regimento com a participação de todos	• Organizar um manifesto e entregar à Semed cobrando que a comunidade gostaria de construir seu próprio Projeto pedagógico, com diretrizes vindas da Semed. • Organizar grupos e reuniões de que os pais participem dessa construção.	Não manteve

Fonte: Quadro elaborado pela autora com base na pesquisa de campo.

A mudança dessa prioridade deu-se ao fato de que, com a implantação do Ensino Fundamental de nove anos, os regimentos internos precisam ser readaptados e a preocupação da comunidade escolar é que essa adaptação não passe pela discussão e construção coletiva na escola.

Quadro 30 Professores (Comparação/tomada de decisão: comissão e assembleia)

Professores	Aumento da equipe gestora	• Mobilizar a comunidade (APM, AM e demais representatividades) a fim de exigir da Semed maior número de funcionários, por meio do manifesto, reunião com prefeito e secretário da Educação, e efetivação do plano de metas aprovado pela comissão.	Não manteve

Fonte: Quadro elaborado pela autora com base na pesquisa de campo.

A troca dessa prioridade aconteceu por causa das faltas de uma professora durante quase dez dias no início deste ano por motivos de saúde, trazendo à escola um grande desequilíbrio, como o cancelamento da recuperação paralela para os alunos que apresentam dificuldades. As aulas de Ensino Religioso, Artes e Educação Artística não aconteceram, e as professoras não tiveram a hora de atividade para organização do planejamento semanal.

A partir desses acontecimentos, a comunidade escolar percebeu que o quadro de professores encontra-se em defasagem, e qualquer eventualidade que cause faltas por longo período trará desequilíbrio para o andamento das atividades escolares.

Quadro 31 Serviços gerais (Comparação/tomada de decisão: comissão e assembleia)

Serviços gerais	Coleta de lixo	• Requerer junto à Secretaria do Meio Ambiente para que uma vez ao mês o caminhão da troca do lixo por muda de flores venha à comunidade para efetivar esse trabalho não apenas na escola, mas em toda a comunidade.	Não manteve

Fonte: Quadro elaborado pela autora com base na pesquisa de campo.

A escola iniciou o ano letivo de 2007 trabalhando com o projeto "Meio Ambiente" e percebeu uma grande dificuldade para a coleta e reciclagem do lixo da escola. Não há coleta seletiva, e na escola não há espaço para armazenamento dos resíduos.

Quadro 32 Merenda escolar (Comparação/tomada de decisão: comissão e assembleia)

| Merenda | Organização de um cardápio para os alunos do lanche que será servido no dia | • Fazer um manifesto junto à Secretaria de Educação para que o cronograma entregue nas escolas seja seguido de acordo, podendo assim a escola conseguir seguir o seu calendário interno.
• Sabendo do lanche servido, caso a criança não goste, os pais poderão mandar pão para os filhos lancharem. | Não manteve |

Fonte: Quadro elaborado pela autora com base na pesquisa de campo.

Nos anos anteriores, a escola sempre enviou aos pais um calendário mensal informando o lanche que seria servido em cada dia; no entanto este ano o calendário não está sendo cumprido, pois a Semed não tem enviado os lanches conforme o cronograma vindo para a escola.

Síntese geral sobre os dados e sua análise

A percepção da autoavaliação como um processo de melhoria da escola ainda é algo abstrato para a comunidade escolar, em especial aos pais. A avaliação ainda é concebida enquanto medição de conhecimento das crianças matriculadas. É preciso conscientizá-los sobre essa nova perspectiva da avaliação institucional, criando instâncias de estudos, debates e participação.

Em relação à participação dos pais, eles perceberam que participam pouco, porém comentaram que aqueles que participam fazem-no muito bem e são de confiança, situação que reflete a responsabilidade delegada a outros, ou seja, "eu não participo, mas apoio o que participa, esperando que ele faça algo por mim".

Os funcionários trazem uma carga muito forte sobre as questões da avaliação no sentido do apontamento apenas de coisas ruins, em defasagem e falhas. Nisso observa-se que existia a ideia de avaliação como controle, punição e que aponta os aspectos apenas negativos.

Pensam logo em se defender e desconfiam das respostas em questionários. Propor uma avaliação institucional que também aponte os aspectos positivos dos contextos escolares faz com que todos se envolvam no processo de uma maneira mais tranquila, sentindo-se valorizados pelas atividades que realizam. Isso indica a necessidade de uma mudança de cultura da avaliação nos espaços escolares, que práticas como essa aqui relatada podem favorecer.

Construiu-se uma mudança a respeito da avaliação, aspecto que só foi possível por meio da participação dos profissionais na elaboração e execução do projeto de autoavaliação da escola.

O momento mais produtivo do processo da autoavaliação institucional foi a tomada de decisão para a melhoria da instituição de ensino. A reunião apenas com a Comissão não foi tão produtiva pela pouca presença dos pais, e esse momento se mostrou desnecessário, visto que no dia da assembleia geral, que reuniu a comunidade escolar, o debate e a discussão foram gratificantes.

A assembleia geral no início do ano letivo de 2007, num primeiro momento, parecia não adequada, visto que se passaria muito tempo após a aplicação dos instrumentos de autoavaliação. No entanto, concluída essa etapa, vê-se que foi uma iniciativa correta, pois a comunidade escolar estava com expectativa de início de ano e puderam tomar decisões a respeito de prioridades reais do início desse ano letivo.

A participação foi efetiva, muitos pais questionaram várias ações, atitudes e encaminhamentos, havendo várias discordâncias e, em seguida, chegando a um consenso a respeito da tomada de decisão. De todos os momentos do processo foi o que menos necessitou de condução, pois todos estavam mobilizados para encontrar soluções para os problemas que estavam vivendo naquele momento.

Na assembleia geral as decisões foram tomadas coletivamente, pois o próprio diagnóstico partiu das reflexões de toda a comunidade escolar. Houve participação, e após as decisões do grupo foi possível perceber que a maioria ali presente realmente havia se engajado nas propostas.

Tanto os funcionários da escola quanto os pais saíram satisfeitos com a tomada de decisão, pois puderam debater e defender seu posicionamento a respeito dos dados levantados pela autoavaliação, tendo a oportunidade de não serem apenas julgados, mas sim de expor seu ponto de vista a respeito das situações identificadas.

Após o final da assembleia, muitos pais procuraram não apenas a gestora da unidade de ensino, mas também as professoras e demais funcionários se prontificando em ajudar na realização das ações indicadas na tomada de decisão.

3.4 Síntese das etapas do processo de autoavaliação

Nesse contexto elevam-se as etapas da autoavaliação institucional passo a passo:

1) Assembleia: explicar o porquê do desenvolvimento de um projeto de avaliação institucional.

2) Organização da comissão de avaliação: retirada da assembleia, composta por no mínimo 10% da comunidade escolar, contendo docentes, funcionários, pais de alunos e demais sujeitos que a instituição julgar importante para o processo, com o objetivo de organizar a avaliação.

3) Reuniões de estudos: primeiro momento da comissão, a fim de compreender melhor o que e o porquê de realizar a autoavaliação institucional.

4) Cronograma: elaborado pela própria comissão, tem o objetivo de organizar uma agenda de trabalho, que nesse processo durou o ano letivo.

5) Reunião de estudos/instância pedagógica, administrativa e financeira: segundo momento de estudos da comissão que definiu por avaliar os pressupostos que a LDB propõe (instância pedagógica, administrativa e financeira), compreendendo cada um desses aspectos.

6) Definição de itens a ser avaliados: momento em que nos aspectos pedagógicos, administrativos e financeiros a comissão define os itens a serem avaliados.

7) Instrumento de pesquisa: criação do primeiro instrumento de pesquisa pela própria comissão, que conhece a clientela que irá responder e define por meio da realidade da escola qual o melhor encaminhamento.

8) Aplicação do questionário

9) Tabulação dos dados: momento em que a comissão organiza os primeiros resultados da avaliação.

10) Elaboração do segundo instrumento de pesquisa: a comissão a partir da primeira análise vê a necessidade de realizar novo instrumento de pesquisa para melhor abranger a realidade da escola.

11) Tabulação dos dados do segundo instrumento

12) Definição das prioridades: a comissão por meio da análise dos dados elenca prioridades no processo de avaliação que deverão ser resolvidas com mais urgência, na tomada de decisão; no entanto, a tomada de decisão deverá ser referendada ainda pela assembleia geral, com base no ano letivo seguinte.

13) Divulgação das potencialidades da escola: momento em que são divulgadas as potencialidades da escola, rompendo com a concepção de que avaliação diz respeito somente a aspectos negativos.

14) Assembleia geral: referenda a tomada de decisão.

Vale ressaltar que para uma proposta de autoavaliação institucional não existe receita pronta. O importante é que cada instituição escolar construa o seu processo de modo a abranger o todo da escola da melhor maneira, preservando sua identidade e sua especificidade, de forma coletiva e participativa, respeitando sua comunidade escolar e buscando a melhoria da educação.

Considerações finais

O relato dessa experiência de autoavaliação institucional traz a análise sobre as contribuições que essa estratégia propicia para a gestão das escolas de educação básica, compreendendo que esses subsídios são de grande importância para a comunidade escolar e melhoria da educação em geral, preservando e instigando os princípios de uma gestão democrática.

Num contexto geral, as contribuições da autoavaliação para a gestão escolar propiciam reflexões a respeito da mudança sobre concepção da avaliação, aplicação da gestão educacional, os princípios da participação e a consolidação da identidade da escola.

Propor a autoavaliação numa escola requer momentos de muito trabalho, reflexão, mudança de visão e entendimento a respeito dos processos, objetivos e contribuições que a avaliação pode trazer. Momentos esses de discussão, debates, construção e efetiva participação de toda a comunidade escolar nos aspectos decisivos da escola.

Percebi que os agentes da escola de educação básica em determinados momentos do processo avaliativo não se encontram preparados para efetivar a avaliação numa perspectiva emancipatória.

Tanto professores como funcionários e pais de alunos compreendiam a avaliação apenas no contexto da aprendizagem com foco no aluno e na nota, ou então numa perspectiva de punição e controle.

Assim, ao mesmo tempo que a avaliação institucional trouxe momentos de angústia, pois fez com que todos, em especial os funcionários, se sentissem sujeitos responsáveis pelo andamento da escola, trouxe também uma perspectiva de mudança da percepção da melhoria do processo educacional, que não depende única e exclusivamente da criança ou do professor, mas sim de todas interdependências existentes, que criam determinados contextos e situações nos espaços escolares.

Experienciar a avaliação enquanto estratégia de gestão para a tomada de decisão e melhoria da instituição de ensino é propor à escola constantes momentos de reflexão e direcionamentos, construindo um processo de mudança de cultura avaliativa entre os profissionais da educação.

A construção do processo de autoavaliação institucional tornou-se um momento rico dessas reflexões. Percebi que a comissão já gostaria de resolver os problemas existentes; contudo, era necessário refletir sobre as prioridades e as necessidades também sentidas pelos outros pais.

No entanto, a questão da participação ainda é tímida nos espaços escolares. Durante a organização do processo de autoavaliação, alguns membros desistiram e outros, mesmo presentes, pouco contribuíram para as discussões e reflexões. É preciso não apenas criar instâncias de participação na escola, mas também conscientizar e ensinar a comunidade escolar a respeito do engajamento de todos nas ações.

Outra contribuição que a autoavaliação institucional trouxe para a melhoria da escola foi provocar as instâncias de participação da comunidade e a percepção da necessidade do engajamento de todos nos diversos setores da escola na tomada de decisão.

O processo de discussão e participação valoriza a comunidade escolar, fazendo com que todos percebam a importância de sua contribuição para a instituição de ensino, desde o trabalho da direção da escola, a limpeza realizada pelas zeladoras até a atuação de pais e alunos.

Essa proposta de participação de todos produz a conscientização da comunidade escolar de que todos os agentes da instituição possuem o mesmo grau de importância para o bom funcionamento da instituição e que todos podem contribuir e são responsáveis para a melhoria da educação básica.

A aplicação e análise dos questionários de autoavaliação respondidos pela comunidade trouxeram uma percepção rica e produtiva a respeito da realidade escolar. A partir das respostas dadas foi possível perceber os aspectos que destacam a escola nos pontos positivos e também nos pontos que precisam ser aprimorados.

O processo vivenciado destacou que a gestão ainda é identificada pelos pais apenas na figura do diretor; além disso, os documentos que não são construídos pela comunidade escolar, nesse caso o plano de metas, o Regimento Interno e o Projeto Político-pedagógico, de fato não são nem lembrados pela comunidade.

Esse indício reforça a necessidade da participação da comunidade escolar na elaboração dos encaminhamentos institucionais para que haja o engajamento necessário para a melhoria da escola.

Outra situação caracterizada pela autoavaliação institucional na hora do preenchimento dos questionários sinaliza que muitos tentam ser agradáveis no que diz respeito à figura pessoal e deixam de dar contribuições que de fato trariam melhorias para o espaço escolar.

O autoconhecimento sobre a realidade em que a escola está inserida constrói e reforça a identidade institucional, que é reflexo da subjetividade das relações culturais, econômicas e sociais existentes nesse espaço.

Por meio desse conhecimento os sujeitos produzem reflexões a respeito da necessidade do aperfeiçoamento do Projeto Político-pedagógico e do Regimento Interno, reforçando a autonomia da escola e sua identidade, aspectos interdependentes.

O mais gratificante foi que, enquanto gestora e pesquisadora, experimentei a sensação de realmente tomar decisões de forma participativa e democrática. Durante o processo de construção da autoavaliação institucional percebi que muitas vezes, durante os três anos na gestão dessa instituição de ensino, convidei a comunidade escolar apenas para concordar com decisões que já havia tomado e não para decidir de forma coletiva, como acreditava estar fazendo.

Nesse sentido, é notório o fato de que a autoavaliação institucional também traz como subsídio para a gestão a responsabilidade coletiva e a transformação da prática educacional. Quando as decisões são tomadas em conjunto, de forma participativa e democrática, todos assumem as responsabilidades desse ato, os encaminhamentos e os resultados, descentralizando o poder de gerir a escola apenas na figura do diretor.

Assim, posso resumir que os subsídios que o processo de autoavaliação institucional traz para a melhoria da escola de educação básica define-se como uma mudança de cultura dentro das escolas a respeito da avaliação.

Deixa-se de ter como foco apenas o aluno, e adere-se à percepção de todos os aspectos da instituição: a participação da comunidade escolar; a necessidade do engajamento; a valorização de todos os funcionários para a melhoria da escola; o autoconhecimento dos pontos positivos e dos aspectos a melhorar; a tomada de decisão para a melhoria da instituição de ensino; e a responsabilidade coletiva, assumida por todos, pois participaram do processo.

Após o encerramento da autoavaliação institucional fica o sentimento de que todo o processo – desde o estudo do tema, passando pela indicação dos aspectos a serem avaliados e pela construção dos instrumentos até a análise dos dados – deveria ser realizado com a participação de toda a comunidade escolar e não apenas com uma representatividade.

Nota-se que os momentos de discussão e debate são mais ricos e produtivos até para a própria coleta de dados; no entanto, esse tipo de estratégia seria mais trabalhoso e difícil de efetivar, pois a mobilização de todos durante todo o processo torna-se quase impossível, por questões de tempo e disponibilidade.

É possível falar em encerramento do processo de autoavaliação institucional apenas no que se refere às etapas do presente trabalho de pesquisa, pois percebo que enquanto gestora apenas o primeiro passo foi dado. Esse foi apenas o começo para mobilizar a comunidade escolar, as instâncias de participação e a melhoria do espaço escolar por meio da avaliação e tomada de decisão.

Ao final (ou seria início?) desse processo, o aspecto a ser levantado é a inclusão da autoavaliação institucional da escola no Projeto Político-pedagógico e no Regimento Interno da instituição. Muitas escolas até contemplam esse item em seus documentos ou encaminhamentos; no entanto, percebe-se que ainda são poucas as instituições que, de fato, concretizam essa prática de forma emancipatória para a tomada de decisão e melhoria do espaço escolar.

Construir essa estratégia de gestão de forma participativa no contexto de construção do Projeto Político-pedagógico é uma importante iniciativa para a melhoria da instituição de ensino, pois, consequentemente, a efetivação da avaliação institucional acontecerá de maneira eficaz se aperfeiçoando e se caracterizando na identidade de seu próprio contexto, servindo como subsídio para o projeto, em uma relação de interdependência.

Propor a autoavaliação institucional nas escolas de educação básica é um desafio, pois as próprias políticas educacionais não dão grande relevância a essa prática. Assim, é preciso uma mudança de cultura para que ela se efetive nas instâncias educacionais no intuito de trazer a melhoria para a instituição educacional.

Os próprios sujeitos escolares, em especial os gestores, devem reformular suas visões a respeito da avaliação para que ela possa de fato acontecer no espaço escolar de maneira participativa e democrática, trazendo subsídios para a gestão da escola.

Compreender a avaliação como requisito para a tomada de decisão traz para a escola a percepção de suas principais defasagens e prioridades, fazendo com que as decisões sejam efetivas, propiciando soluções mais concretas para as situações do cotidiano da escola.

A partir desse contexto é necessário criar nas escolas de educação básica momentos de discussão, debates e construção de processos de avaliação institucional, prevendo essa estratégia no Projeto Político-pedagógico da escola e Regimento Interno.

O plano de ação, plano de gestão e definição orçamentários devem ser subsidiados pelo diagnóstico da autoavaliação, a fim de que toda a comunidade escolar participe, assuma responsabilidades e se engaje na melhoria da escola. Nesse sentido as decisões tomadas serão mais efetivas trazendo melhores resultados para os problemas encontrados.

Os sistemas municipais, estaduais e nacionais de educação também precisam repensar as políticas de avaliação institucional para as escolas de educação básica, com o intuito de uma efetiva melhoria da educação.

Fernandes (2002, p. 140) propõe uma análise a respeito do processo de avaliação, que resume hoje a realidade da instituição avaliada e a sensação pessoal e profissional que tive com o desenvolvimento dessa pesquisa:

> A escola que passa por um processo avaliativo sério e participativo descobre sua identidade e acompanha a sua dinâmica. Muita coisa aprende-se com esse processo. Mas o que fica de mais importante é a vivência de uma caminhada reflexiva, democrática e formativa. Todos crescem. Os dados coletados mudam, mas a vivência marca a vida das pessoas e renova esperanças e compromisso com um trabalho qualitativo e satisfatório para a comunidade escolar e para a sociedade. Avaliação Institucional é, portanto, um processo complexo e não há, pronto para consumo, um modelo ideal e único para as escolas. Ela precisa ser construída. É o desafio de uma longa caminhada possível e necessária.

Após o processo de investigação, não somos mais os mesmos, a escola se transformou, não apenas em sua estrutura organizacional, mas os profissionais da educação mudaram. O processo de construção e reflexão trouxe a todos uma responsabilidade coletiva e, o melhor, a esperança de que podemos transformar a escola, a educação, o mundo em algo melhor.

A avaliação propicia às escolas momentos de discussão e reflexão sobre as práticas e encaminhamentos escolares. Traz conflitos também, mas necessários para a mudança do espaço, propiciando um novo momento para a instituição de ensino. É a partir desses contextos de conflitos, debates e reflexões, propiciados pela avaliação, que a melhoria escolar se efetiva, pois a tomada de decisão será realizada com diagnóstico concreto a respeito dos aspectos escolares.

No entanto, a avaliação também evidencia os pontos positivos da instituição de ensino, incentivando os profissionais e reconhecendo o trabalho realizado por todos, pois é preciso pensar a avaliação não apenas como estratégia de identificação de problemas, mas também num instrumento de identificação dos aspectos positivos da escola, para que possam ser reforçados, servindo de parâmetro para outras mudanças necessárias na instituição.

Outro aspecto importante é pensar a meta-avaliação, ou seja, a avaliação do processo de avaliação. Enquanto pesquisadora, se retomasse o processo, partiria hoje de uma iniciativa diferenciada, preparando a comunidade escolar, com grupos de discussão a respeito do Projeto Político-pedagógico, Regimento Interno e plano de metas.

Os resultados da investigação propõem inúmeras reflexões a respeito da avaliação institucional nos contextos da educação básica. A pesquisa indica a necessidade de uma mudança nas práticas das escolas a respeito da avaliação escolar e a urgência em desenvolver políticas públicas de avaliação institucional voltadas para as escolas de educação básica, com a intenção de melhorar os espaços educacionais brasileiros.

APÊNDICES

Apêndice 1

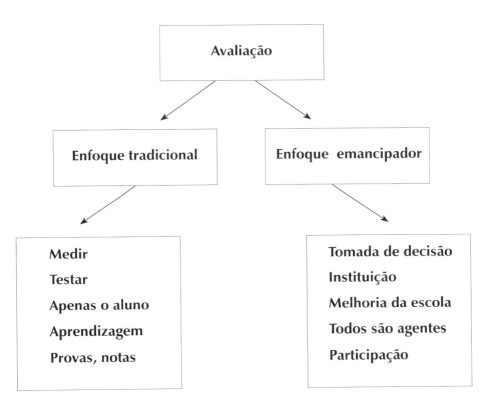

Apêndice 2

Instâncias pedagógicas: diz respeito ao processo de aquisição do conhecimento (currículo, conteúdo, metodologia, avaliação).

Instâncias administrativas: diz respeito à organização da escola (gestão, Projeto Político-pedagógico, regimento interno, secretaria).

Instâncias financeiras: diz respeito à gestão dos recursos da escola (APM, verbas, arrecadações).

Apêndice 3

1 Organização geral da escola	não sei opinar ( )
O principal ponto positivo neste item	Principal ponto a melhorar neste item

2 Plano de ação: qualidade na escolha e realização das metas	não sei opinar ( )
O principal ponto positivo neste item	Principal ponto a melhorar neste item

3 Projeto Político-pedagógico: elaboração e aplicação	não sei opinar ( )
O principal ponto positivo neste item	Principal ponto a melhorar neste item

4 Regimento Interno: cumprimento das normas e atribuições	não sei opinar ( )
O principal ponto positivo neste item	Principal ponto a melhorar neste item

5 Gestão: qualidade da atuação do diretor	não sei opinar ( )
O principal ponto positivo neste item	Principal ponto a melhorar neste item

6 Professores: em relação à qualidade de ensino	não sei opinar ( )
O principal ponto positivo neste item	Principal ponto a melhorar neste item

7 Secretaria: qualidade dos serviços realizados	não sei opinar ( )
O principal ponto positivo neste item	Principal ponto a melhorar neste item

8 Serviços gerais: qualidade da limpeza da escola	não sei opinar ( )
O principal ponto positivo neste item	Principal ponto a melhorar neste item

9 Merenda: qualidade no preparo da alimentação	não sei opinar ( )
O principal ponto positivo neste item	Principal ponto a melhorar neste item

10 Pais e responsáveis: em relação à participação na escola	não sei opinar ( )
O principal ponto positivo neste item	Principal ponto a melhorar neste item

11 Alunos: em relação à qualidade da aprendizagem	não sei opinar ( )
O principal ponto positivo neste item	Principal ponto a melhorar neste item

12 APM: qualidade da participação na gestão financeira da escola	não sei opinar ( )
O principal ponto positivo neste item	Principal ponto a melhorar neste item

Apêndice 4

Os aspectos selecionados a seguir são resultados do primeiro instrumento de avaliação aplicado para pais, professores e funcionários da escola
Marque com um X no principal aspecto em cada uma das colunas

Organização geral da escola

Aspectos positivos	Aspectos a melhorar
( ) Organização de eventos. ( ) Organização da estrutura física. ( ) Convocação dos pais para participar de tudo. ( ) Trabalho com projetos. ( ) Interação entre pais, alunos e profissionais da escola. ( ) Outros:_____	( ) Formação continuada dos professores. ( ) Limpeza do terreno ao lado. ( ) Transporte escolar. ( ) Entrosamento do corpo docente e funcionários. ( ) A comunicação entre pais e escola. ( ) Estrutura física (ginásio, muro). ( ) Outros:_____

Plano de ação: qualidade na escolha e realização das metas

Aspectos positivos	Aspectos a melhorar
( ) O diagnóstico sobre as prioridades para a elaboração das metas. ( ) O envolvimento da família no alcance das metas. ( ) A realização das metas. ( ) O acompanhamento de todos a respeito do alcance das metas. ( ) Outros:_____	( ) O processo de construção, que deve ser com a participação de todos. ( ) Colaboração dos pais para o alcance das metas propostas. ( ) Divulgação das metas para a comunidade. ( ) Outros:_____

Projeto Político-pedagógico: elaboração e aplicação

Aspectos positivos	Aspectos a melhorar
( ) Os temas de ensino. ( ) O trabalho por meio dos projetos. ( ) O envolvimento de todos na construção e aplicação. ( ) As atividades extraclasse. ( ) Outros:_____	( ) Recurso humano (pedagogo) para uma melhor orientação do PPP. ( ) A organização do PPP. ( ) Inclusão de aulas diferentes como dança, teatro etc. ( ) Inserir aulas de informática. ( ) Valorização do PPP da escola, com divulgação entre a comunidade. ( ) A avaliação da aprendizagem do aluno. ( ) Outros:_____

Regimento Interno: cumprimento de normas e atribuições	
Aspectos positivos	Aspectos a melhorar
( ) As normas que são aplicadas. ( ) O cumprimento trouxe uma maior segurança para a escola. ( ) O horário da escola. ( ) Outros:_____	( ) Ser construída com a participação da comunidade. ( ) Não mudar os horários (manhã e tarde). ( ) Divulgação entre os pais e funcionários sobre o regimento da escola. ( ) Outros:_____

Gestão: qualidade na atuação do diretor	
Aspectos positivos	Aspectos a melhorar
( ) O encaminhamento por meio de projetos. ( ) Inovação, competência e eficiência. ( ) O atendimento aos pais, funcionários e comunidade. ( ) Gestão democrática onde todos participam. ( ) Outros:_____	( ) Atenção maior ao corpo docente, encaminhando o trabalho pedagógico. ( ) Aumento da equipe gestora. ( ) Disponibilidade maior de tempo para conversar com os pais. ( ) Capacitação da gestora. ( ) A comunicação interna (dentro da escola) e externa (entre a comunidade). ( ) A efetivação do Conselho Escolar. ( ) Divulgação das ações da escola em tempo hábil. ( ) Outros:_____

Professores: em relação à qualidade de ensino	
Pontos positivos	Pontos a melhorar
( ) Competência, eficiência e inovação. ( ) Trabalham com projetos. ( ) A comunicação com os alunos. ( ) Dedicação com que realizam todos os trabalhos sugeridos. ( ) Troca e pesquisa entre os profissionais da escola. ( ) Outros: _____	( ) Paciência com os alunos. ( ) Maior número de professores. ( ) Correção da lição de casa. ( ) A formação continuada. ( ) Melhorar o ensino de Inglês. ( ) Atenção mais individualizada a alunos com mais dificuldade. ( ) Organização em relação aos planos de aula. ( ) Diálogo entre pais e professores. ( ) Outros:_____

Secretaria: qualidade dos serviços realizados	
Pontos positivos	Pontos a melhorar
( ) Organização em atender todos e realizar tudo o que é pedido. ( ) Aberta ao diálogo para a melhoria pessoal e profissional. ( ) O atendimento aos pais. ( ) Eficiência e responsabilidade. ( ) Outros:_____	( ) Aumento do quadro de funcionários. ( ) Entrega de documentação em tempo hábil. ( ) Entrega de bilhetes e recados aos pais. ( ) Comunicação e relacionamento com todos da escola e comunidade. ( ) Organização da secretaria da escola. ( ) Outros:_____

Serviços gerais: qualidade de limpeza da escola	
Pontos positivos	Pontos a melhorar
( ) Limpeza da escola. ( ) A atuação e prestatividade das zeladoras. ( ) Participação eficiente em todos os projetos desenvolvidos pela escola. ( ) Outros:_____	( ) Limpeza em frente à escola. ( ) Os materiais utilizados para a limpeza. ( ) Coleta e reciclagem do lixo. ( ) Relacionamento interno. ( ) Colaboração de todos da escola e comunidade com a organização da escola. ( ) Divisão: uma funcionária para limpeza e outra para merenda. ( ) Outros:_____
Merenda: qualidade no preparo da alimentação	
Pontos positivos	Pontos a melhorar
( ) Cardápio de qualidade e variado. ( ) A higiene da preparação. ( ) Nunca houve falta de lanche. ( ) Outros:_____	( ) Organização de um cardápio e entrega para os alunos. ( ) Maior quantidade de lanche a ser servido. ( ) Não ter tanta comida doce. ( ) Presença de pessoas estranhas na cozinha. ( ) Aquisição de recursos necessários para a cozinha (forno, talheres novos, geladeira etc.). ( ) Entrega dos lanches na data certa. ( ) Outros:_____

Pais e responsáveis: em relação à participação na ecsola	
Pontos positivos	Pontos a melhorar
( ) Os pais sempre são convocados a participar de tudo. ( ) Aqueles pais que participam, fazem-no com eficiência. ( ) A escola repassa a importância da participação. ( ) Outros: _____	( ) Uma maior colaboração e frequência dos pais na escola. ( ) Grupos de discussão com os pais na escola. ( ) Conhecimento maior sobre os projetos desenvolvidos na escola e a prática dos professores. ( ) Horário e datas das reuniões pedagógicas, administrativas e financeiras. ( ) Estratégias diferentes para trazer os pais até a escola. ( ) Outros:_____

Alunos: em relação à qualidade da aprendizagem	
Pontos positivos	Pontos a melhorar
( ) A atenção dos professores. ( ) O desenvolvimento dos alunos. ( ) A motivação em aprender e vir até a escola. ( ) O aprendizado de coisas diferentes, que os tornaram críticos. ( ) A união alunos-pais e professores faz com que os alunos rendam mais. ( ) Encaminhamento de alunos com dificuldade ao Cemae. ( ) Pré-conselho de classe. ( ) Recuperação paralela. ( ) Outros:_____	( ) Um incentivo maior à prática de esportes. ( ) Desenvolver projetos de leitura e higiene. ( ) Um trabalho mais acentuado com a caligrafia. ( ) Projetos específicos para as aulas de recuperação paralela. ( ) Aceleração da avaliação dos alunos com dificuldade de aprendizagem. ( ) Abertura da classe especial. ( ) Outros:_____

APM: qualidade da participação na gestão financeira da escola	
Pontos positivos	Pontos a melhorar
( ) Informação constante sobre os gastos da escola. ( ) A organização das prestações de contas e metas. ( ) Pessoas que compõem a APM são de confiança. ( ) Todos podem participar e opinar. ( ) Reuniões promovidas. ( ) Outros:_____	( ) Maior envolvimento dos pais e funcionários. ( ) A distribuição de renda da escola. ( ) Os eventos para arrecadação de dinheiro. ( ) Calendários para as reuniões da APM. ( ) Outros:_____

Referências

BELLONI, I. & BELLONI, J.A. Questões e propostas para uma Avaliação Institucional Formativa. In: FREITAS, L.C. *Avaliação de escolas e universidades*. Campinas: Komedi, 2003.

BIANCHETTI, R.G. *Modelo neoliberal e políticas educacionais*. São Paulo: Cortez, 2005.

BORDIGNON, G. & GRACINDO, R.V. Gestão da educação: o município e a escola. In: AGUIAR, M.A.S. *Gestão da educação*: impasses, perspectivas e compromissos. São Paulo: Cortez, 2004.

BRASIL. *Portaria 931*, de 21 de março de 2005 [Disponível em http://www.mec.gov.br – Acesso em 24/03/2007].

_____. *Sistema Nacional de Avaliação da Educação Superior (Sinaes)* – Lei 10.861/04. Brasília: MEC.

_____. *Lei de Diretrizes e Bases da Educação Nacional*. Brasília: MEC, 1996.

_____. *Programa de Avaliação Institucional das Universidades Brasileiras (Paiub)* – Lei 2.026/93. Brasília: MEC.

BRUNO, L. Poder e administração no capitalismo contemporâneo. In: OLIVEIRA, D.A. *Gestão democrática da educação*. Petrópolis: Vozes, 2005.

CAVAGNARI, L.B. Projeto Político-pedagógico, autonomia e realidade escolar: entraves e contribuições. In: RESENDE, L.M.G. *Escola*: espaço do Projeto Político-pedagógico. Campinas: Papirus, 2003.

CURY, C.R.J. Gestão democrática dos sistemas públicos de ensino. In: OLIVEIRA, M.A.M. *Gestão educacional*: novos olhares novas abordagens. Petrópolis: Vozes, 2005.

DALMAS, A. *Planejamento participativo na escola*. Petrópolis: Vozes, 1994.

DIAS SOBRINHO, J. *Avaliação*: políticas educacionais e reformas da educação superior. São Paulo: Cortez, 2003.

DIAS SOBRINHO, J. & BALZAN, N.C. *Avaliação institucional*: teorias e experiências. São Paulo: Cortez, 1995.

EYNG, A.M. Avaliação e identidade institucional: construindo uma cultura de antecipação. *Revista Diálogo Educacional*. Curitiba: Champagnat, 2004.

_____. Planejamento, gestão e inovação na educação superior. In: GISI, M.L. *Políticas e gestão da educação superior*. Curitiba: Champagnat, 2003.

_____. Planejamento e gestão do Projeto Político-pedagógico: desenvolvendo competências. In: EYNG, A.M. *Planejamento e gestão educacional numa perspectiva sistêmica*. Curitiba: Champagnat, 2002.

FERREIRA, N.S.C. Gestão democrática da educação: ressignificando conceitos e possibilidades. In: FERREIRA, N.S.C. & AGUIAR, M.A.S. *Gestão da educação*: impasses, perspectivas e compromissos. São Paulo: Cortez, 2004.

FERNANDES, M.E.A. Avaliar a escola é preciso: Mas... que avaliação? In: VIEIRA, S.L. *Gestão da escola*: desafios a enfrentar. Rio de Janeiro: DP&A, 2002.

FRANCO, C. Quais as contribuições da avaliação para as políticas educacionais? In: BONAMINO, A.; BESSA, N. & FRANCO, C. *Avaliação da educação básica*. São Paulo: Loyola, 2004.

GADOTTI, M. Projeto Político-pedagógico da escola – Fundamentos para a sua realização. In: ROMÃO, J.E. *Autonomia da escola*: princípios e propostas. São Paulo: Cortez, 2001.

GANDIN, D. *Temas para um Projeto Político-pedagógico*. Petrópolis: Vozes, 2001.

GIL, A.C. *Métodos e técnicas de pesquisa social*. São Paulo: Atlas, 1999.

GUTIERREZ, G.L. & CATANI, A.M. Participação e gestão escolar: conceitos e potencialidades. In: FERREIRA, N.S.C. *Gestão democrática da educação*: atuais tendências, novos desafios. São Paulo: Cortez, 2001.

HORA, L.D. *Gestão democrática na escola*. Campinas: Papirus, 2004.

LIBÂNEO, J.C. *Organização e gestão da escola*: teoria e prática. Goiânia: Alternativa, 2004.

LUCK, H. *A gestão participativa na escola*. Petrópolis: Vozes, 2006.

_____. *Concepções e processos democráticos de gestão educacional*. Petrópolis: Vozes, 2006.

PARO, H.V. *A administração escolar*: introdução crítica. São Paulo: Cortez, 2003.

PENIN, S.T.S. & VIEIRA, S.L. Refletindo sobre a função social da escola. In: VIEIRA, S.L. *Gestão da escola*: desafios a enfrentar. Rio de Janeiro: DP&A, 2002.

Plano Municipal da Educação – Prefeitura Municipal de São José dos Pinhais, 2003.

RESENDE, L.M.G. O sujeito reflexivo no espaço da construção do Projeto Político-pedagógico. In: FONSECA, M. (org.). *As dimensões do Projeto Político-pedagógico*. Campinas: Papirus, 2004.

SÃO JOSÉ DOS PINHAIS [Disponível em htpp//:www.sjp.pr.gov.br/ portal – Acesso em 20/03/2007].

SILVA, M.S. *Avaliação de políticas e programas sociais*: teoria e prática. São Paulo: Veras, 2001.

SCHLOGEL, E. *Gestão*: o novo desafio para a escola pública. Curitiba: [s.e.], 2004.

SOARES, J.F. Avaliação de escolas de ensino básico. In: FREITAS, L.C. *Avaliação de escolas e universidades*. Campinas: Komedi, 2003.

SOUZA, J.V. & CORREA, J. Projeto pedagógico: a autonomia construída no cotidiano da escola. In: VIEIRA, S.L. *Gestão da escola*: desafios a enfrentar. Rio de Janeiro: DP&A, 2002.

VEIGA, I.P.A. Projeto Político-pedagógico: novas trilhas para a escola. In: FONSECA, M. *As dimensões do Projeto Político-pedagógico*. Campinas: Papirus, 2004.

_____. Perspectivas para reflexão em torno do Projeto Político-pedagógico. In: RESENDE, L.M.G. *Escola*: espaço do Projeto Político-pedagógico. Campinas: Papirus, 2003.

VIANA, M.H. *Introdução à avaliação educacional*. São Paulo: Ibrasa, 1989.

CULTURAL

Administração
Antropologia
Biografias
Comunicação
Dinâmicas e Jogos
Ecologia e Meio Ambiente
Educação e Pedagogia
Filosofia
História
Letras e Literatura
Obras de referência
Política
Psicologia
Saúde e Nutrição
Serviço Social e Trabalho
Sociologia

CATEQUÉTICO PASTORAL

Catequese
   Geral
   Crisma
   Primeira Eucaristia

Pastoral
   Geral
   Sacramental
   Familiar
   Social
   Ensino Religioso Escolar

TEOLÓGICO ESPIRITUAL

Biografias
Devocionários
Espiritualidade e Mística
Espiritualidade Mariana
Franciscanismo
Autoconhecimento
Liturgia
Obras de referência
Sagrada Escritura e Livros Apócrifos

Teologia
   Bíblica
   Histórica
   Prática
   Sistemática

REVISTAS

Concilium
Estudos Bíblicos
Grande Sinal
REB (Revista Eclesiástica Brasileira)
SEDOC (Serviço de Documentação)

VOZES NOBILIS

Uma linha editorial especial, com importantes autores, alto valor agregado e qualidade superior.

PRODUTOS SAZONAIS

Folhinha do Sagrado Coração de Jesus
Calendário de Mesa do Sagrado Coração de Jesus
Agenda do Sagrado Coração de Jesus
Almanaque Santo Antônio
Agendinha
Diário Vozes
Meditações para o dia a dia
Guia Litúrgico

VOZES DE BOLSO

Obras clássicas de Ciências Humanas em formato de bolso.

CADASTRE-SE
www.vozes.com.br

EDITORA VOZES LTDA.
Rua Frei Luís, 100 – Centro – Cep 25689-900 – Petrópolis, RJ – Tel.: (24) 2233-9000 – Fax: (24) 2231-4676 – E-mail: vendas@vozes.com.br

UNIDADES NO BRASIL: Aparecida, SP – Belo Horizonte, MG – Boa Vista, RR – Brasilia, DF – Campinas, SP
Campos dos Goytacazes, RJ – Cuiabá, MT – Curitiba, PR – Florianópolis, SC – Fortaleza, CE – Goiânia, GO – Juiz de Fora, MG
Londrina, PR – Manaus, AM – Natal, RN – Petrópolis, RJ – Porto Alegre, RS – Recife, PE – Rio de Janeiro, RJ
Salvador, BA – São Luís, MA – São Paulo, SP
UNIDADE NO EXTERIOR: Lisboa – Portugal